W.-D. Jägel
Grundlagen Deutsch

Herausgegeben von Johannes Diekhans
Erarbeitet von Ulrich Horch-Enzian

Rechtschreibung üben

5. Schuljahr

Lern- und Übungsprogramm zu den Regeln der neuen Rechtschreibung

Best.-Nr. 025104 1

Schöningh Verlag

Umschlaggestaltung: Matthias Schwedt
Illustrationen: Christiane Zay

Website
www.schoeningh.de

© 1997 Ferdinand Schöningh, Paderborn;
ab 2002 Schöningh Verlag im Westermann Schulbuchverlag GmbH,
Jühenplatz 1–3, D-33098 Paderborn

E-Mail
info@schoeningh.de

Alle Rechte vorbehalten. Dieses Werk sowie einzelne Teile desselben sind urheberrechtlich geschützt. Jede Verwertung in anderen als den gesetzlich zugelassenen Fällen ist ohne vorherige schriftliche Zustimmung des Verlages nicht zulässig.

Druck: Freiburger Graphische Betriebe

Druck   6   Jahr   03

ISBN 3-14-025104-1

Dieses Werk folgt der reformierten Rechtschreibung und Zeichensetzung.

Inhaltsverzeichnis

Vorwort 5

Unterscheidendes Sprechen 7

Gleich und ähnlich klingende Vokale (und Doppellaute) 12
ä und e; äu und eu
Kontrollübung 16

Gleich und ähnlich klingende Konsonanten 17
b und p
g und k
Wortverlängerung zur Unterscheidung
seid oder seit
g – k – ch
-ig und -lich
f und pf
f und v
die Vorsilben vor-, viel-, voll-, ver-
nds – ns – ts
Kontrollübungen 29

Schwierige Konsonanten 34
Laut-h (silbentrennendes h)
S-Laute
S-Laute: einfaches s
S-Laute: ss – ß
S-Laute: s – ss – ß
Qu-Laut
Kontrollübungen 47

Lange Vokale 50
Vokale ohne Dehnungszeichen
Vokale mit Dehnungs-h
Vokalverdopplung (aa – ee – oo)
Unterscheidung von a – ah – aa ; ä – äh
Unterscheidung von e – eh – ee
Unterscheidung von o – oh; ö – öh

Unterscheidung von u – uh; ü – üh
Unterscheidung von ie – i – ih
Kontrollübungen. 78

Kurze Vokale 84
vor Doppelkonsonanten
Unterscheidung von tz/z und ck/k
k und z nach Konsonanten
Wiederholung tz/z und ck/k
fehlende Konsonantenverdopplung bei einsilbigen Wörtern
man – der Mann
weibliche Endung -in
samt und zusammen
wechselnde Vokallängen
Kontrollübungen. 102

Silbentrennung. 104

Großschreibung 107
Substantive/Nomen
substantivierte Verben
Anredepronomen „Sie"
Kontrollübungen. 118

Zeichensetzung. 120
Satzschlusszeichen
wörtliche Rede (mit vorangestelltem Begleitsatz)
Komma bei Anrede und Ausruf
Komma bei der Aufzählung
Kontrollübungen. 123

Gebrauch des Wörterbuchs. 125

ANHANG

Grammatische Begriffe 129

Lösungsheft

Vorwort

Liebe Leserin, lieber Leser,

dies ist ein Lernprogramm zur neuen Rechtschreibung (Klassenstufe 5), die nunmehr verbindlich eingeführt ist. Es enthält nicht allein Übungen, sondern erklärt auch die zugrunde liegenden neuen Regeln. Damit kann der Schüler bzw. die Schülerin selbstständig lernen und Eltern oder Lehrer finden altersgerechte Erklärungswege.

Durch die Reform ist Rechtschreiben einfacher geworden, weil die Anzahl der Ausnahmen und Sonderfälle gesenkt und die Reichweite einfacher Hauptregeln erweitert wurde. Außerdem werden häufig mehrere Schreibvarianten gleichberechtigt nebeneinander gestattet.

Dieses Lernprogramm nutzt die Möglichkeit, Unbekanntes durch Erweiterung bereits bekannter Regeln zu erklären. Mit Hilfe gezielter Wiederholungen, Rückgriffe, Variationen und Verknüpfungen wird die neue Rechtschreibung leicht fasslich und nachhaltig im Langzeitgedächtnis verankert.

Die Lektionen bieten den Stoff in kleinen und verdaulichen Portionen an (10 – 20 Minuten). Wir empfehlen der Nummerierung der Übungen zu folgen und regelmäßig zu arbeiten. Der Erfolg kommt dann schneller und motiviert den Lernenden.

Mit Hilfe des beiliegenden Lösungsheftes lassen sich die Ergebnisse kontrollieren. Wer ohne Hilfe von außen arbeiten möchte, kann Diktattexte auf eine Tonbandkassette sprechen und später als Selbstdiktat abspielen lassen.

Da man Rechtschreiben am besten durch Schreiben lernt, sollen bestimmte Übungstexte in ein Schreibheft übertragen werden.

So – nun kann's losgehen. Viel Spaß und Erfolg!

Zeichenerklärung:

Sprich es aufs Tonband!

Trage in dein Heft ein!

Male die Kästchen (entsprechend deiner Fehlerzahl) bunt aus! Bei 0 Fehlern darfst du alle Kästchen ausmalen. Für jeden Fehler musst du ein Kästchen offen lassen.

Unterscheidendes Sprechen

Ob die Verkäuferin im Laden des Campingplatzes herausfinden kann, was die verschiedenen Kunden kaufen wollen? Leichter fiele es ihr, wenn die Leute die Laute der *geschriebenen* Sprache sprechen würden.

Willst du einmal probieren die Buchstaben g und k ganz deutlich beim Sprechen auseinander zu halten? – Lies dir *laut* vor:

das Kriechen	– die Griechen	der Garten	– die Karten
die Kasse	– die Gasse	sie singen	– sie sinken
der Kuss	– der Guss	die Grenze	– die Kränze

8 Unterscheidendes Sprechen

Aber nicht nur g und k bereiten uns Schwierigkeiten. Unterscheide durch *betont deutliches Sprechen* auch:

g und ch	p und b	d und t
wagen – wachen	Pein – Bein	Deich – Teich
lagen – lachen	Pass – Bass	leider – Leiter
sagen – Sachen	packen – backen	Dorf – Torf
regnen – rechnen		

v und w	f und pf	ch und r
volle – Wolle	Flaum – Pflaume	acht – Art
Veilchen – Weilchen	flicken – pflücken	er sucht – es surrt
Volk – Wolke	Feile – Pfeile	Docht – dort

Als Übungsaufgabe bekommst du einen richtigen Zungenbrechersatz:

„Blechbecher bleibt Blechbecher und Plättbrett bleibt Plättbrett."

Kannst du den Satz auswendig aufsagen?

Bei den S-Lauten musst du einen zischenden und einen summenden Laut unterscheiden. Man spricht auch von einem stimmlosen und stimmhaften S-Laut. Sprich die folgenden Wörterpaare deutlich aus und achte darauf, ob der S-Laut gezischt oder gesummt wird.

Gasse – Gase	fassen – Faser	heißen – reisen
Rasse – Rasen	Maß – Masern	Fluss – Fluse

Du wirst vielleicht gemerkt haben, dass es Mitlaute (Konsonanten) gibt, die man *weich* spricht:

g   b   d   w   s

und solche, die eher *hart* klingen:

k   p   t   f   ss/ß

Unterscheidendes Sprechen

Lies noch einmal laut und sehr deutlich:

ng oder nk ?

singen	– sinken		Finken	– sie fingen
Bänke	– bange		Zangen	– zanken
Schlange	– schlanker		schwingen	– schwanken

Auch bei den folgenden Wortpaaren musst du deutlich sprechen. Probiere es aus.

Einfahrt	– einfach		Seide	– Seite
Enkel	– Engel		Tag	– Dach
Wache	– Ware		rechnen	– regnen
Kreis	– Greis		Gram	– Kram
reißen	– reisen		er fand	– Pfand
Tochter	– Torte		Krippe	– Grippe

Leichter ist es mit Selbstlauten (Vokalen*).
Wir schauen, ob sie *lang* gesprochen werden: o̱ in O̱fen
oder *kurz* gesprochen werden: ọ in ọffen

Unter die langen Vokale ist ein Strich gezeichnet (o̱), damit du sie schneller erkennst. Unter den kurzen Vokalen steht ein Punkt (ọ).

Lies laut und unterscheide:

So̱hle – sọllen

Qua̱l – Quạlle

Bẹtten – be̱ten

Genau hinhören!

Deutlich sprechen!

---

* Du wirst lernen, nach und nach die lateinischen Grammatikbegriffe zu benutzen. Wenn du einen vergisst, kannst du in dem Register der Grammatik-Begriffe nachschlagen (im Anhang).

10 Unterscheidendes Sprechen

Lies und unterscheide, ob der jeweilige Vokal kurz oder lang gesprochen wird. Zeichne anschließend entweder einen Strich oder einen Punkt darunter.

Heer – Herr	Lamm – lahm	Haken – hacken
Speere – Sperre	krank – Kran	ihm – im
Nase – nass	Faser – fassen	Grüße – Güsse
Gasse – Gase	Liebe – Lippe	Latten – Laden

Versuche nun, auch bei den folgenden Wortpaaren die ähnlich klingenden Vokale (Selbstlaute) auseinander zu halten, indem du laut und deutlich sprichst.

ä und e

| Bären – Beeren |
| säen – sehen |
| Säge – Segen |
| Häfen – Hefe |
| Säle – Seele |

i und ü

| Tier   – Tür |
| Kiste – Küste |
| Kriege – Krüge |
| Kissen – küssen |
| Ziege – Züge |

e und ö

| Meere – Möhre |
| helle – Hölle |
| lesen – lösen |
| Lehne – Löhne |
| Hefe – Höfe |

Kannst du einen Kassettenrekorder bedienen?
Suche dir aus dieser Übung 10 schwierige Wortpaare heraus und diktiere sie deutlich aufs Tonband.

3 Heute brauchst du den Rekorder mit der eingelegten Kassette. Spiele die diktierten Wortpaare nach und nach ab und schreibe sie in dein Übungsheft.
(Überschrift: „Ähnlich klingende Laute")

Erst *nach* dem Schreiben schaust du wieder ins Buch und kontrollierst, ob du alle zehn Wortpaare aus der Übung richtig geschrieben hast. Bei Fehlern immer (auch in allen folgenden Übungen): durchstreichen und verbessert hinschreiben!

Sprich folgende Paare deutlich auf dein Tonband:

Eile – Eule	reimen – räumen
Keile – Keule	leiten – läuten
heilen – heulen	Meilen – Mäuler
Feier – Feuer	Meise – Mäuse
Eiter – Euter	leise – Läuse
Hai – Heu	heiser – Häuser

Unterscheidendes Sprechen

Wie du bemerkt hast, werden ei und ai gleich ausgesprochen (*Ei* und *Hai*), ebenso eu und äu (*Heu* und *Häuser*).

Die unterschiedliche Schreibung bei äu und eu ergibt sich aus der Wortherkunft: äu kommt von au (Häuser von Haus).

Kontrolliere zuerst, ob du die Wortpaare aus der letzten Übung richtig schreiben kannst. Dazu lässt du das besprochene Tonband laufen. (Anschließend dann die Übung 3 aufschlagen und überprüfen.)

Tommi, der Junge mit dem Skateboard, den du schon kennst, denkt sich für Tina gern Kreuzworträtsel aus. Die gesuchten Wörter hast du in den bisherigen Übungen schon gelesen und gesprochen.

a) Raubvögel, Nachttier:
b) gemähtes Gras:
c) Mehrzahl von „Saal":
d) kleine Früchte an Sträuchern:
e) geflügeltes Wesen im Himmel:
f) Handwerkszeug:
g) Raubfisch:
h) nicht laut:

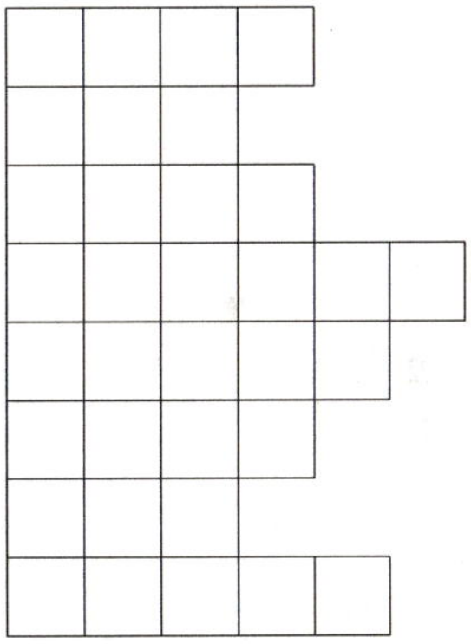

Wenn du das Rätsel gelöst hast, bekommst du die erste „Belohnung": Bei 0 Fehlern darfst du alle Kästchen der Pyramide bunt ausmalen. Für jeden Fehler musst du leider ein Kästchen offen lassen.

Gleich und ähnlich klingende Vokale (und Doppellaute)

ä und e; äu und eu

Spielhäuser

Meine Schwester und ich haben zu Weihnachten zwei ganz tolle Spielhäuser bekommen, die vollständig eingerichtet sind – nur eben mit Spielzeugmöbeln. Darin findet man Zimmer, Flure und Treppen. An den Wänden hängen sogar Bilder an winzigen Häkchen. Mein Opa, der dies alles für uns gebastelt hat, musste die gesamte Einrichtung winzig klein machen. Anstatt der Blumenvasen sind es nur Väschen und darin stehen kleine Blumensträuße. An den Händen der kleinen Puppen hat Opa geschnitzte Haarbürsten oder Kämmchen festgeklebt. Versteckte Schräubchen verhindern, dass bei einer Erschütterung Gegenstände durcheinander purzeln. Hinter den Fenstern wird eine gemalte Landschaft mit Alpen und Gämsen sichtbar. Im Vordergrund sieht man blökende Lämmer mit aufgesperrten Mäulern, etwas dahinter Bäche, Bäume und Sträucher. Wenn ich mal älter bin, werde ich immer noch an diesem Geschenk meine Freude haben!

Schreibe alle Wörter mit ä und äu heraus, von denen du ein Stammwort mit a oder au kennst.

Etwa so: Puppenhäuschen ← Haus

Hast du in Übung 1 alle Wörter gefunden? Wenn ja, stehen jetzt Wortpaare in deinem Übungsheft untereinander. Schau sie dir nochmals genau an. Du erkennst jetzt bestimmt, wann ä oder äu geschrieben wird.

Auch bei der folgenden Übung musst du das passende Stammwort finden und eintragen.

Kälbchen	←	Kalb	älter	←	_____
Häute	←	Haut	Gämse	←	_____
Gärten	←	_____	sich schnäuzen	←	_____
Ränder	←	_____	einbläuen	←	_____

Gleich und ähnlich klingende Vokale

Täubchen   ← _____   Stängel   ← _____
ängstlich   ← _____   belämmert ← _____
zähmen   ← _____   zählen   ← _____

Hallo!
Wer clever ist, hat schon gemerkt: Die Wörter mit ä stammen von einem Wort mit a. Und die mit äu stammen von einem Wort mit au.

Fülle aus:

a/A	ä/Ä	a	ä
der Apfel	die Äpfel	das D___ch	die D___cher
der Checker	die Checker	der Unf___ll	die _____
der G___rten	die G___rten	die W___nd	die _____
der B___ll	die _____	die G___ns	die _____
das R___d	die _____	der L___den	die _____
die B___nk	die _____	die H___nd	die _____
das Bl___tt	die _____	das L___nd	die _____
das L___mm	die _____	die St___dt	die _____

14 Gleich und ähnlich klingende Vokale

4

Du weißt es inzwischen:
Wo ein ä steht, muss es ein Stammwort mit a geben.
Wo ein äu steht, muss es ein Stammwort mit au geben.

Suche das Stammwort zu:

Häuschen: _____   Bäuche: _____

Fäuste: _____   Häutchen: _____

Schläuche: _____   Sträuße: _____

Wenn sich allerdings *kein* Stammwort mit au finden lässt, wird das Wort fast immer mit eu geschrieben:

Beulen   (kein Stamm mit au, sondern von): die Beule
Freundschaft   (kein Stamm mit au, sondern von): der Freund
Verbeugung   (kein Stamm mit au, sondern von): beugen

Prüfe nun das Stammwort und entscheide beim Abschreiben:
äu oder eu?

Abstellr * me – Fahrradschl * che – Geb * de – F * erstelle – Verb * gung
Spitzm * se – Gartenz * ne – Sch * ermittel – Urlaubstr * me –
Jagdb * te – Weihnachtsb * me – Sch * ne

5

Im folgenden Text findest du Stellen, an denen zu entscheiden ist:
äu oder eu; ä oder e?

Fülle die Lücken aus.

Die M__nner von der F__erwehr

Wenn eine Sch___ne brennt oder das Wasser im K___ller steht, wenn spielende Kinder in Sch___chte stürzen, wenn bei Sturm einem Geb___de das Dach wegfliegt – wen rufen die L___te? Die Feuerwehrm___nner!
Bei einem Einsatz müssen sie über D___cher von Hochh___sern kl___ttern, Türen öffnen oder Gefahrgut mit Winden und Kr___nen bergen. Vieles sieht abent___erlich und gef___hrlich aus und nicht selten riskieren sie ihr

Gleich und ähnlich klingende Vokale   15

L___ben. Manchmal müssen sie sich über Schaulustige am Unglücksort ___rgern, die nicht zum H___lfen oder Aufr___men kommen, sondern nur zuschauen wollen.

Tina und Tommi reimen gern, wenn sie sich etwas merken wollen. Dieses Verspaar ist noch nicht vollständig, ergänze:

Fräulein von Frau, bläulich von _____,

jetzt weiß ich genau: dies äu kommt von _____!

16 Gleich und ähnlich klingende Vokale

Kontrollübung zu äu – eu

6 Suche hier Reimwörter:

Träume – B_____   Knäuel – Gr_____   Mäuse – L_____

Säule – F_____   Säufer – K_____   räubern – s_____

Findest du auch diese Reimwörter?

Treue – R_____   teuer – F_____   heute – B_____

Feuchte – L_____   Eule – B_____   Heu – Sp_____

Erinnere dich: Wie schreibt man den Zwielaut, wenn au im Wortstamm ist? Wann schreibt man eu?

Welche Wörter mit eu oder äu werden hier gesucht?

Frau des Bauern: B_____

Mann, der anderen Geld wegnimmt: R_____

unangenehme Tierchen: L_____

guter Kumpel oder Partner: F_____

plumpe Pferde: G_____

Zahl unter zehn: n_____

Vorratshaus des Bauern: Sch_____

Gedanken im Schlaf: T_____

Hiebwaffe des Urmenschen: K_____

„Giftzettel" am Schuljahresende: Z_____

Gleich und ähnlich klingende Konsonanten

―――――――――― **b und p** ――――――――――

In dieser und der nächsten Übung kommt nichts Neues. Du sollst nur wiederholen und schauen, was schon gut klappt.

Schreibe die Sätze ab und ergänze p/P oder b/B.

- An der Grenze zeige ich den *ass vor.
- Danach muss ich den Koffer aus*acken.
- *einlich, wenn dann der Zoll etwas findet.
- Ein *aar *ücher nehme ich immer mit.

Schreibe ab und setze t/T oder d/D ein.

- In ausge*rockneten Sümpfen kann *orf abgebaut werden.
- Der *eich schützt das Land vor dem Meer.
- Er hat sich lei*er nicht von seiner besten Sei*e gezeigt.
- Der Igel lag wie *ot unter dem Laubhaufen.

―――――――――― **g und k** ――――――――――

In den folgenden Sätzen muss ein fehlendes Wort ergänzt werden. Aber welches von beiden in der Klammer ist richtig?
Tipp: Sprich die zwei Wörter sehr deutlich und mache dir jeweils den Sinn klar!

Das Schiff begann langsam zu (singen/sinken). _____

Maria musste das Jesuskind in eine (Krippe/Grippe) legen. _____

Im Sportstadion musst du immer im (Greis/Kreis) laufen. _____

Das Tor hatte eine goldene (Klinge/Klinke). _____

Die Oma beschenkt ihren (Enkel/Engel) in Mannheim. _____

Wortverlängerung zur Unterscheidung

3 Käpt'n Blaubärs Freund Hein Blöd erzählt. Leider sind ihm einige Konsonanten herausgepurzelt. Setze sie an der richtigen Stelle wieder ein, wenn du den Text aufschreibst:
b – d – b – t – b – d – b – g – k – d – k – b – b – g – p – k

Hein Blöd erzählt

Tja, heute ha* ich mich sel*st gelo*t. Denn ich ha* meine Hobelban* sauber gemacht. Dazu holte ich 'nen Besen aus dem Schran* und den Putzlum*en, der im Kor* war. Dann reini*te ich damit auch die Deckplan*en und unser Essgeschirr. Unter Deck blie* ich bis zum Aben*, weil ich den Ausgan* nicht fan*. War bitterkal* im Schiffsbauch. Aber ein Hel* der sieben Meere weiß zu leiden, ne!

Angenommen, du wüsstest nicht, wie man „Schrank" schreibt (g oder k?), so hilft dir der Verlängerungstrick: Du hängst zum Beispiel ein -e dran (die Schränke) und hörst dann deutlich den gesuchten Konsonanten!

4 Beim Verlängern eines Wortes bringst du den Endlaut zum Klingen:

Wenn du bei „Sieb" das b noch nicht hörst, klingt es dann aber bei „Siebe", also mit angehängtem -e!

Substantive (Hauptwörter) verlängert man durch die Mehrzahl (Plural):
Bad → Bä<u>d</u>er

Bei Verben (Zeitwörtern) bildet man die Grundform (Infinitiv):
er lobt → lo<u>b</u>en

Adjektive (Eigenschaftswörter) verlängert man durch die Steigerungsform (Komparativ):
kalt → käl<u>t</u>er als ...

Gleich und ähnlich klingende Konsonanten — 19

Mache den unterstrichenen Laut durch Verlängerung hörbar:

der Korb	→ K_____	sie sagt → s_____	lieb	→ l_____
der Stab	→ S_____	er hebt → h_____	krank	→ k_____
der Gang	→ G_____	du gibst → g_____	ölig	→ ö_____
das Rad	→ R_____	ihr habt → h_____	fröhlich	→ f_____
das Zelt	→ Z_____	es piept → p_____	rund	→ r_____

Du hast bestimmt gemerkt, dass die schwierigen Laute (b – p, d – t, g – k) manchmal gar nicht am Schluss stehen, zum Beispiel bei „Körbchen" oder „Gangschaltung".

5

Hier hilft es, wenn du verwandte Wortformen suchst, in denen der Laut zum Klingen gebracht wird.
Gangschaltung → Gänge
Körbchen → Körbe

Was kommt hier hin: **b** oder **p**?

Trage den fehlenden Buchstaben ein. Bilde zunächst den Infinitiv (Grundform), der dir zeigt, wie du schreiben musst.

sie schreibt	(schreiben)	er sie___t	(_____)
du gi___st	(_____)	es kle___t	(_____)
es blei___t	(_____)	gelie___t	(_____)
er fär___t	(_____)	gewe___t	(_____)
sie pum___t	(_____)	er schwe___t	(_____)
ihr hu___t	(_____)	ihr schie___t	(_____)
du lie___st	(_____)	er le___t	(_____)

20 Gleich und ähnlich klingende Konsonanten

6 Wenn du die Verben mit b oder p richtig verlängert hast, wird es dir nun bei g oder k auch gelingen.

Trage die richtige Form ein – die Verlängerungsform wieder in Klammern. (Sprich dabei *laut* mit!)

g oder k?

sie bor___t	(_____)	es stin___t	(_____)
es wir___t	(_____)	hereingele___t	(_____)
er sä___t	(_____)	ihr bewe___t	(_____)
du win___st	(_____)	er qua___t	(_____)
sie mer___t	(_____)	es blin___t	(_____)
du sprin___st	(_____)	sie sin___t (Lied)	(_____)

7 Jetzt verlängern wir Substantive/Nomen und Adjektive (Eigenschaftswörter). Erinnerst du dich noch? (Wenn nicht, darfst du bei Übung 4 (S. 18) noch einmal nachschauen.)

Schreibe die richtigen Formen auf. Dahinter gibst du wieder eine Form an, die dir die Schreibweise verrät.

b oder p?   d oder t?

Trei__stoff	(_____)	Fahrra__	(_____)
Gel__sucht	(_____)	Pfer__	(_____)
Kal__	(_____)	blö__	(_____)
Hal__bruder	(_____)	Wel__	(_____)
tau__	(_____)	Ra__rennen	(_____)
Lum__	(_____)	Gewal__	(_____)
Stau__tuch	(_____)	mil__	(_____)
Wandersta__	(_____)	Gel__schein	(_____)
Rei__eisen	(_____)	Ra__haus	(_____)

Gleich und ähnlich klingende Konsonanten

g oder **k**?

hügeli__ (_____)
lan__ (_____)
Sie__ (_____)
Ban__konto (_____)
Zwer__ (_____)
Drillin__ (_____)
spitzwinkli__ (_____)
Blin__leuchte (_____)
Par__uhr (_____)

Den Laut zum Klingen bringen: Parkuhr – parken

seid oder seit

Sei**t** oder sei**d**?

Sei**t** gibt einen Zeitraum an. (Eselsbrücke: seit wie Zeit)
Sei**d** ist eine Form des Hilfsverbs „sein". (Ihr seid hier.)

Schreibe diesen Brief ab und setze die fehlenden Buchstaben ein:

> *Liebe Freunde!*
>
> *Ich versuche euch sei* einer Woche zu erreichen, aber ihr sei* anscheinend nie zu Hause. Sei* ihr etwa verreist? Es gibt nämlich sei* vorgestern im Vorverkauf Eintrittskarten fürs Konzert von Bonny B! Wahnsinn! Ich möchte ihn unbedingt live sehen. Sei* ihr auch interessiert? Dann antwortet schnell! Sei* Tagen kreisen meine Gedanken um Bonny B. Ich bin happy, sei*dem ich seine neue CD im Schrank habe. Der Sound ist echt super. Bitte sei* so gut und lasst mich nicht weiter zappeln!*
> *Meldet euch sofort!*
>
> *Tina*

Gleich und ähnlich klingende Konsonanten

g – k – ch

9 In dem folgenden Worthaufen interessieren nicht alle Wörter, sondern nur die, die mit einem g oder k oder ch enden.
Schreibe sie in solch eine Tabelle und gib dahinter wieder die Verlängerungsform an:

g (am Wortende)	k (am Wortende)	ch (am Wortende)
Tag (Tage)	Dank (danken)	Fluch (Flüche)
:	:	:

Klinik Chor Zweig billig frech
bergig Weg Besuch Essig Fittich
Hauch Buch Krach Kelch Streich
Zucker Pfennig Käfig Montag Lump Technik
Teppich Spruch Fabrik Pfingsten Sieg
Hündchen leicht lag Pfund Schrank
Dach richtig Beitrag

-ig und -lich

10 Suche dir aus der Tabelle von Übung 9 zehn schwierige Wörter aus und diktiere sie (ohne Verlängerungsformen) aufs Tonband.

Nun schau dir die folgende kleine Geschichte an. Unterstreiche darin alle Adjektive (Eigenschaftswörter) mit der Endung -ig und versieh alle mit der Endung -lich mit einer Wellenlinie.

Ein wundersames Land

Einst kam ein bärtiger, freundlicher Fremder ins Fürstentum Kohlrabien und bat im einzigen Gasthaus um ein gemütliches Zimmer. Der einfältige Wirt fragte vorsichtig, was der Fremde denn im herrlichen Kohlrabien wolle. „Ordentlich essen und trinken!", antwortete der ihm, und der Wirt war sichtlich zufrieden. Der Fremde müsse aber unverzüglich zu den drei ehrwürdigen Staatsbeamten gehen und sich dort dreimal anmelden. Also ging er sich dreimal anmelden: für das liebliche Land Kohlrabien, für die drollige Hauptstadt Kohlrabia und für das eigentliche Stadtzentrum. Tatsächlich konnte unser Fremdling feststellen, dass das ganze Land Kohlrabien nur aus einem winzigen Flecken bestand! – Als er zum abendlichen Essen sein drittes Bier bestellte, war die fürstliche Brauerei allerdings leer getrunken …

Gleich und ähnlich klingende Konsonanten

11 Nun zu den Adjektiven auf „-ig" und „-lich" aus der Kohlrabien-Geschichte. Wir wollen sie ordnen. Schreibe die Wörter wie unten angegeben in dein Heft. Trenne dabei die Endungen -ig und -lich ab.

Endung -ig	Endung -lich
bärt/ig	freund/lich
:	:

Schreibe die zehn Wörter, die du dir aufs Tonband diktiert hast, ins Heft. Wie viele hast du richtig geschrieben? Prüfe nach.

12 Hier meldet sich wieder Tina. Sie hat gemerkt, wie man diese beiden Adjektiv-Endungen -ig und -lich, die hochdeutsch gleich gesprochen werden (erdig = [„erd**ich**"] und künstlich = [„künst**lich**"]), auseinander halten kann. Du auch?

Klar: Du siehst es am *l*!

Gehört ein l zur Nachsilbe, heißt sie -lich, gehört zur Nachsilbe kein l, heißt sie -ig.

Jetzt bastelst du Adjektive (Eigenschaftswörter). Du nimmst von links einen Baustein und hängst die passende Endung daran. Schreibe die gefundenen Adjektive auf. *Ein* Wort ist kein Adjektiv, sondern ein Zahlwort; unterstreiche es.

bock- durst-
glück- feier- moos-
ehr- herbst- staub-
fleck- fleiß- lust-
schmerz- sumpf- trotz-
schrift- sport- dreiß-

-ig
-lich

24 Gleich und ähnlich klingende Konsonanten

f und pf

Du hast schon gelernt, dass deutliches Sprechen für die Rechtschreibung eine große Hilfe ist. Das gilt auch wieder für den Doppellaut pf. Hier müssen beim Lesen *beide* Buchstaben zu hören sein.

Lies einmal *laut* und *deutlich*:

Pfad – Pfennig – Pfirsich – Apfel – Karpfen – Zipfel – Kampf – Knopf – Sumpf – Pfanne – Dampfer – Kopf – Pflicht – Kupfer – schrumpfen – stampfen

Jetzt diktierst du dir dieselben Wörter aufs Tonband (für später).

Was gehört zusammen? (Die Verbindungsfäden sind verwirrt.)

-kelle -dampfer
-band Schnupf-
-tabak Schöpf-
Ausflugs- Strumpf-
Unter- -schlupf

Schreibe die diktierten Wörter mit pf ins Heft.

Anschließend kannst du mit der letzten Übung überprüfen, welche Wörter du wiederholen musst. Bilde mit jedem Wort, das du falsch geschrieben hast, einen kurzen Satz.

Tommi meint: „Manchmal muss man höllisch aufpassen!" Es gibt nämlich Wörter mit pf und f, die sich sehr ähneln:
Der Fund macht ihn reich. ↔ Das Pfund Zucker wurde nass.

Bilde nach diesem Beispiel kleine Sätze zu den Paaren:

er fand ↔ das Pfand   er fährt ↔ das Pferd
fahl ↔ der Pfahl   der Flug ↔ der Pflug
die Fahne ↔ die Pfanne

Gleich und ähnlich klingende Konsonanten

15

Bei der folgenden Fabel fehlen die Konsonanten f und pf. Diese findest du leicht durch deutliches Aussprechen. Schreibe ab.

Zwei Laub*rösche

Zwei *rösche wanderten durch einen Bauernhof und *anden beim letzten, *ahlen Lichtschein die *orte, die zu den Vorratsräumen *ührte. Dort war ein Ge*äß mit Milch zum Abrahmen aufgestellt. Sogleich hü*ten sie hinein und ließen es sich *reudig schmecken.
Nur heraushü*en konnten sie nicht mehr aus dem großen Na*, da sie schwammen und die Wände glatt waren. Ta*er mühten sie sich mit den Beinen, aber sie rutschten stets in ihr flüssiges Ge*ängnis zurück. Stunde um Stunde strampelten die Verzwei*elten in der Milch, bis die Schenkel ermüdeten und es ihnen im Ko* ganz dum* wurde. Der erste Frosch schlie* ein und versank. Der zweite strampelte noch weiter. Tatsächlich spürte er zuerst einige Butter*locken in der Milch, dann bildeten sich richtige Klümpchen. Von denen konnte er sich mit letzter Kraft abstoßen und auf den Rand springen, wo er erschö*t die Milch von sich abtro*en ließ.

16

Kannst du auch diese Sätze richtig schreiben?

Waldarbeiter

aufeinemmoosigenpfadsuchensichdieholzfälleriherenwegdurchdenwald.ei nerführteinpferdamzügel.amfrühenmorgenistdaslichtnochfahl.hierunddaf liegteinverschrecktervogelauf.hintereinerkurvekommendiearbeiteransziel.d aspferdwirdangepflocktundkannfressen.zwischenzeitlichtundiearbeiterihre pflicht.mitäxtenundsägenfällensiediekrankenbäume.dannziehtdaspferddie stämmezumhauptweg.diesesverfahrenschontdenwaldbodenammeisten.es wirdabernurnochseltenangewandt.

Gleich und ähnlich klingende Konsonanten

f und v

 Das v ist ein seltsamer Buchstabe:
Einmal wird er als „f" gesprochen, ein andermal als „w".

Lies die Wörter mit v (wieder laut):

v als „f"		v als „w"	
verlieren	Vieh	Vene	Silvester
vielmals	vorn	Karneval	Vulkan
Vorname	Vogel	privat	Violine
vollkommen	Volk	Klavier	nervös
von	Vetter	Kurve	Vokabel
Vater	vielleicht	Universität	Volleyball
völlig	Veilchen	Vase	Vampir
Vers	Vlies	Sklave	privat

Welche Wörter kennst du nicht? Schlage im Wörterbuch die Bedeutung nach.

 Bilde fünf Sätze mit schwierigen Wörtern aus der rechten Spalte und schreibe sie auf.

Mit dem Wörterbuch arbeiten? Schau auf S. 125 nach!

18 Findest du das passende Fremdwort mit v? Schau in der Liste auf Seite 27 nach.

- Das _____ ist eine Absperrvorrichtung in Wasserleitungen.
- Der reiche Herr Müller bewohnt eine vornehme _____.
- Obst ist gesund, denn es enthält viele _____.

Gleich und ähnlich klingende Konsonanten 27

- Eine _____ ist eine Blutader, die das Blut zum Herzen führt.
- Die Verpflegung, die der Wanderer mit sich führt, heißt _____.
- Der Amtssitz des Papstes in Rom heißt _____.
- _____ ist ein Gewürz, das häufig für Eis oder Gebäck verwendet wird.

Fehlende Wörter:
Vanille – Vene – Vatikan – Proviant – Ventil – Vitamine – Villa

Ergänze hier selbst:

Die __ioline ist ein _____.

Im Karne__al _____.

An der Uni__ersität lernen _____.

Ein Skla__e war ein _____.

Das __eilchen ist eine _____.

Ein __ulkan ist ein Berg, der _____.

_____ **die Vorsilben vor-, viel-, voll-, ver-** _____

Die vier Vorsilben **vor- viel- voll- ver-** schreiben wir mit **v**. ⓵⁹

Damit lassen sich viele Wortzusammensetzungen bilden. Schreibe zu den vier Vorsilben mit v noch selbst gefundene Wörter. (Wenn dir keine mehr einfallen, darfst du im Wörterbuch nachschlagen.)

vor-   Vorname – Vorrat – Vorsicht – vorüber – voraus – vorsagen

_____

_____

Gleich und ähnlich klingende Konsonanten

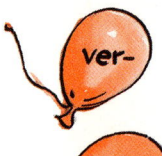 Verkehr – Verlust – Verlobung – versprechen – vertragen

 vielleicht – Vielfraß – vielstimmig

 Vollmilch – Vollkornbrot – vollstrecken – vollständig

20 Suche zu den Verben auf der rechten Seite eine passende Vorsilbe (linke Seite) und verwende das dadurch entstandene Verb (Tätigkeitswort) in einem Satz.
Schreibe in dieser Weise auf: ver- + brauchen: Lampen verbrauchen viel Strom.

Aufgepasst!

a) Der starke Egon verbiegt eine Eisenstange.
b) Aber: Sie war mit der Arbeit fertig.

a) Goethe war ein vielseitiger Gelehrter.
b) Aber: Das Kind fiel über einen Wassereimer.

Kannst du erklären, warum in „fertig" und „fiel" kein v geschrieben wird?

(Es handelt sich nicht um Vorsilben.)

Gleich und ähnlich klingende Konsonanten

nds – ns – ts

21

Was haben die Wörter nirge**nds**, abe**nds**, absei**ts** oder Spa**tz** gemeinsam? _____

(Man spricht hinten ein „z".)

Auch hier gibt es einen einfachen Trick um die richtige Schreibweise zu finden: Suche das *Stammwort*!

in abends	steckt	Aben**d** + s
in vollends	steckt	En**d**(e) + s
in abseits	steckt	Sei**t**(e) + s
in stets	steckt	ste**t**(ig) + s
in morgens	steckt	Morge**n** + s
in vergebens	steckt	vergebe**n** + s

Vervollständige bitte die folgenden Sätze in deinem Heft!

Davids Schwester erzählt

Bei meinem letzten Ferienjob musste ich von morge** bis abe** arbeiten. Die Suche nach einer lockeren Arbeit war vergebe**. Solche Stellen werden immer knapper, wenn man absei** einer Großstadt wohnt. Bald könnte die Suche volle** zum Problem werden. Bisher habe ich aber ste** Glück gehabt.

Kontrollübung zu -ig und -lich

22

Die Endung **-ig** oder **-lich**? Vervollständige hier:

unvorsicht____ – königl____ – tägl____ – bärt____ – ungemütl____
– sommerl____ – trotz____ – hässl____ – gold____ – verständl____
– bedauerl____ – zorn____ – fleiß____ – farb____ – rötl____ – farbl____
– wässr____ – schriftl____ – vielseit____ – mündl____ – gründl____

Gleich und ähnlich klingende Konsonanten

Kontrollübung zu d – t

23 Schreibe ab und setze ein: t oder d?

Die Schatzsuche

Gestern Aben* sind wir, Tom, Tanja und ich, noch einmal zur San*grube gelaufen um dort auf Schatzsuche zu gehen. Tanja rie* uns, eine Schaufel mitzunehmen. Mit viel Gedul* gruben wir ein run*es Loch, wo der San* etwas rö*lich schimmerte. En*lich gerie*en wir auf etwas Festes. „Eine Schatzkiste!", jubelten Tom und Tanja. „Ihr sei* verrückt", sagte ich, „das ist höchstens eine wer*lose Zigarrenkiste." „Ihr werdet staunen!", tönte Tanja und zwinkerte Tom zu. Umstän*lich und langsam buddelten beide die kleine Kiste aus, kicher*en dabei of*, so dass ich ganz ungedul*ig wurde und sie gespann* anfeuerte: „Ihr sei* lahme Schnecken, ihr wart am Anfang schneller! Los! Zei* ist Gel*!" Unter meinen „gescheiten" Ra*schlägen wurde die Kiste geöffnet: Ein Kamm, ein Bil*, ein Schulhef*, ein Puppenklei* ...– Aber wieso stand Tanjas Name auf dem Hef*? – Oh, die beiden hatten mich hereingelegt!

Bei 0 Fehlern darfst du alle Felder ausmalen; pro Fehler ein Feld weniger!

Kontrollübung zu f – pf – v

24 Die Buchstaben f – pf – v fehlen. Kannst du sie wieder einsetzen?

- Wir wünschen allen __reunden ein __röhliches __ingstfest!
- __iele Erwachsene sind den Kindern im Straßen__erkehr kein __orbild.

Gleich und ähnlich klingende Konsonanten — 31

- Kinder ___ergiften sich oft an ___lüssigkeiten und Pul___ern aus dem Putzschrank.

- Schnee___löckchen, Weißröckchen, warum ___liegst du mir in die Nase?

- Die aufständischen Skla___en des Spartakus eroberten ___ollständig einige Pro___inzen.

- Während der Bummelbahn___ahrt darf man keine Blumen ___lücken.

- Der Gold___und wog über drei Pfund.

- Ich habe zwar Kla___ier- und ___iolinunterricht gehabt, aber mein pri___ater Musiklehrer bekam da___ür wohl Schmerzensgeld!

- Ohne ___ielseitiges ___ertrauen kann ein ___arrer nicht er___olgreich wirken.

- Das ausgebrochene ___ieh ___iel über die Nelken und ___eilchen her und ___raß sie allesamt auf.

- Wenn das Gericht mit der ___erhandlung ___ertig ist, wird es meinen ___etter Karl bestimmt ___reisprechen.

Sprich auf deine Tonbandkassette als Selbstdiktat diese Wörter:

Eule – Heu – Hai – Häuschen – Häkchen – Lämmer – Sträuße – Torf – Deich – Enkel – singen – gelobt – er blieb – es schwebt – er pumpt – es blinkt – Staubtuch – Gartenzwerg – Umwelt – vorsichtig – ordentlich – Raddampfer – fertig – vollenden – vergeben – vorsagen – abends – abseits – Holzpflock – vorwärts

Kontrollübungen zu vermischten Schwierigkeiten

Im folgenden Buchstabenquadrat sind senkrecht und waagerecht jeweils fünf Wörter enthalten. Es geht dabei um Dinge, die du vor allem in der Küche findest. Schreibe die Wörter unter das Quadrat. Achte dabei auf die Rechtschreibung.

B	R	A	T	A	P	F	E	L	A	S
J	E	I	H	G	F	E	D	C	B	C
K	I	L	M	N	O	P	Q	R	S	H
W	B	R	O	T	V	U	T	S	T	Ö
L	E	B	K	U	C	H	E	N	A	P
X	Y	Z	O	A	T	B	D	C	U	F
O	N	M	R	L	O	F	G	H	B	K
S	I	E	B	V	P	G	H	L	T	E
P	R	S	T	U	F	F	C	M	U	L
Q	W	X	Y	Z	C	D	B	N	C	L
B	A	N	K	A	B	E	A	G	H	E

waagerecht   senkrecht

1. _____   1. _____

2. _____   2. _____

3. _____   3. _____

4. _____   4. _____

5. _____   5. _____

Nimm nun die Tonbandaufnahme und schreibe die Übungswörter aus Übung 24 in dein Heft.

Gleich und ähnlich klingende Konsonanten

Dieses Diktat fehlerfrei zu schreiben ist eine harte Nuss! Wie gehst du dabei vor? Entweder du lässt es dir von jemandem diktieren oder du sprichst es langsam und deutlich aufs Tonband, um es einige Tage später ablaufen zu lassen.

Alte Berufe

Früher gab es Berufe, die heute schon halb oder ganz verschwunden sind. In einem Handwerksmuseum wurden uns am Wandertag alte Kunstfertigkeiten vorgestellt.
Dort bog der Korbmacher Weidenruten und flocht sie zu Korbwänden. Am Webstuhl saß eine Frau und schob das Schiffchen tausendfach hin und her, bis ein Bettlaken fertig war.
Gefärbt wurde früher mit Naturfarbstoffen aus Pflanzen. Der Seifensieder kochte Klebstoffe. Ab September, wenn es früh Abend wird, wurde Öl für die Lampen gepresst.
Der Kesselflicker schob seinen plumpen Karren über den Staub der Wege, was seinen Durst belebte.
Vielseitig war der Bader: Er zog auch vergilbte Zähne und brachte schlappe Leute mit Knoblauchpillen wieder auf Trab.

Für 0 Fehler gibt es eine schöne Pyramide! Für jeden Fehler musst du ein Kästchen frei lassen.
Die zweite Pyramide steht für eine Wiederholung der Übung bereit.

Schwierige Konsonanten

Laut-h (silbentrennendes h)

Es gibt tatsächlich zwei verschiedene h. Das eine h hört man aber nicht, es ist stumm und heißt Dehnungs-h. Das Dehnungs-h zeigt, dass der Vokal (Selbstlaut) *lang* gesprochen wird:
So‑h‑le – i‑h‑m – Ra‑h‑men

Das zweite h hört man beim deutlichen Sprechen. Es heißt daher silbentrennendes h oder Laut-h:
U-hu – se-hen – lei-hen – zie-hen – frü-her

Das Laut-h bereitet uns in der Rechtschreibung so lange keine Schwierigkeiten, wie die Silben getrennt gesprochen werden können (zie-hen). Jedoch erscheinen Wörter mit Laut-h auch in einsilbiger Form:
er zieht – er sieht – er leiht – früh.
Hier ist das Laut-h nicht mehr zu hören. Was kann man tun?

Schwierige Konsonanten

Mein Tipp:
Das Wort verlängern,
zum Beispiel: geht – gehen.

Probiere es doch gleich einmal:

du siehst → se-hen

sie näht → _____

er ruht → _____

er dreht → _____

es geschieht → _____

ihr steht → _____

Wenn man die Silben getrennt spricht, ist das Laut-h besonders gut zu hören.

Wenn das Laut-h in der Grundform des Verbs (Infinitiv) zu hören ist, taucht es auch in allen anderen Wortformen auf.

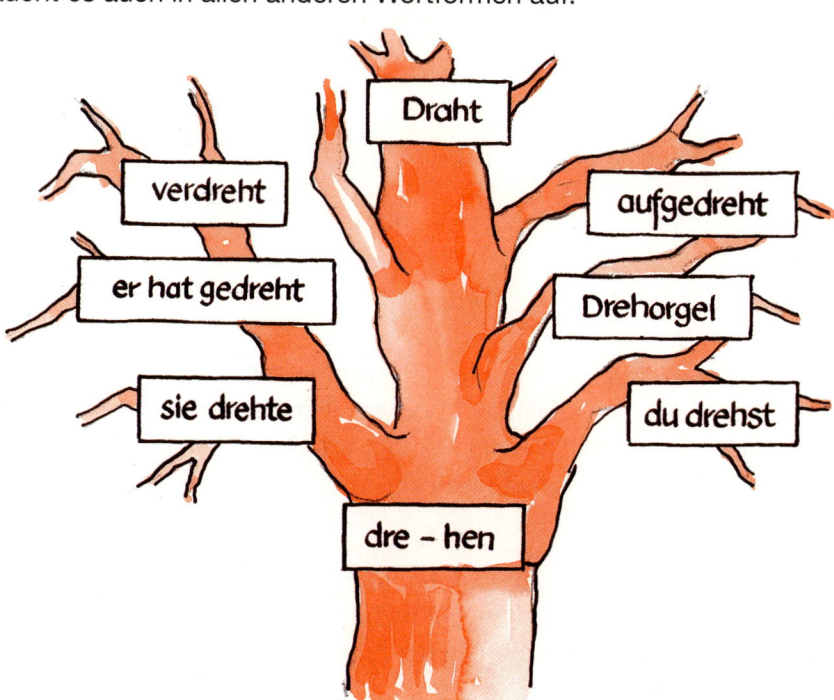

Schwierige Konsonanten

Ergänze folgende Formen:

Infinitiv (Grundform)	Präsens (Gegenwart)	Präteritum (Vergangenheit)	Substantiv/ Nomen
dre-hen:	ich _____ du _____ er _____ ihr _____ wir _____	es _____ ihr _____ wir _____	Dre___ung Dre___scheibe Dre___erei
gesche-hen:	es _____ sie _____	es _____ sie _____	Gesche___nis
lei-hen:	ich _____ du _____ er _____ ihr _____	ich _____ ihr _____ du _____ er _____	L___bücherei Verl___ L___gebühr

3 Schreibe den Text ab und prüfe dabei durch Wortverlängerung (Kuh - Kü-he) oder indem du den Infinitiv bildest (ziehst - zie-hen), wo ein Laut-h eingefügt werden muss und wo nicht.

Ruhe im Dorf

Als Stadtmensch dro*st du durch den Lärm zu erkranken. Also zie*st du aufs Land - wegen der Ruhe. Doch wer glaubt, dass er damit genug geta*n hat, irrt. Ich flo* in ein altes Haus, umringt von friedlichen Bauernhöfen, um wieder beru*igt schlafen zu können. Doch was gescha* frü* morgens? Als die Ku* ausgeru*t war, fing sie an zu mu*en. Auch die Schweine verschmä*ten nicht die Teilnahme am Morgenkonzert. Das hö*rte der Hahn. Gleich flatterte er auf den Mä*drescher und krä*te laut los. Wü*tend sprang ich aus dem Bett, da an Schlaf nicht mehr zu denken war. Am Frü*stückskaffee verbrü*te ich mir obendrein die Finger. Wie erholsam ist das Landleben!

Schwierige Konsonanten 37

4

Es gibt zwei Arten von h: das ⬜ -h
das ⬜ -h

Das ⬜ -h kann man bei der Silbentrennung hören.

Fallen dir einige Wörter mit Laut-h ein?
_____
_____
_____

Schau noch einmal in Übung 1 nach!

Achtung!
Bei folgenden Verben wird oft falsch ein h gesprochen, obwohl *kein* Laut-h vorhanden ist: knien säen tun

Präge dir ein!

Präge dir diese Wörter gut ein!
Hier machen Schüler oft Fehler.

Richtig ist: er kniet – er sät   – er tut
sie knien – sie säen – sie tun
er kniete – er säte – er tat
gekniet – gesät   – getan

Schreibe ab und prüfe, ob du bei der Wortverlängerung (zum Beispiel im Infinitiv) ein silbentrennendes Laut-h hörst. Steht ieh oder ie?

Hans z*t wandernd durchs Tal und b*gt zum Fluss ab, wo er einen Biberbau s*t. Um d*sen ausg*big beobachten zu können, kn*t sich Hans n*der. Doch der Biber wittert ihn und fl*t.

5

Entscheide dich beim Abschreiben:

u oder **uh**?

Die g*te Nachricht: Beim Zahnarzt t*t es nicht weh!
Vor dem Bes*ch war ich noch unr*ig und zitterte bis z* den Sch*en. Aber die Unters*chung zeigte:
Außer Putzen muss ich nichts t*n.

Gut aufpassen!

ä oder **äh**?

Im sp*ten Frühling schaut der Bauer nach dem Feld, auf dem er ges*t hat. Gott sei Dank - die Saat geht auf. Würde er Unkraut entdecken, müsste er es kurz m*en oder alles unterpflügen!
Dann w*re es allerdings höchste Zeit erneut zu s*en.

Schwierige Konsonanten

S-Laute

6 S-Laute können auf drei verschiedene Weisen geschrieben werden:
Na**s**e – Nä**ss**e – genie**ß**en

Dies ist nur auf den ersten Blick verwirrend. Aber keine Sorge! Die Konsonanten s – ss – ß werden nach ganz einleuchtenden Regeln verwendet.

1. Ein S-Laut, der nicht summend gesprochen werden kann (auch nicht bei der Wortverlängerung), sondern immer *zischend* und *scharf* klingt, wird entweder ss (Wa**ss**er – geflo**ss**en) oder ß (flei**ß**ig – grü**ß**en) geschrieben.
   Dabei steht
   ss: nach *kurzem* Vokal (Wạsser – Wịssen – Gạsse – mụsste – rịssig)
   ß: nach *langem* Vokal (Maße – Grüße – gießen – groß – spaßig)

2. Ein S-Laut, der *summend* gesprochen werden kann, wird als einfaches (rundes) s geschrieben. Manchmal muss man das Wort verlängern, um das gesummte s zu hören:
   s: (summend) Wie**s**e – Rei**s**e – Blu**s**e
   s: (durch Verlängerung summend) Ga**s** → Ga**s**e; Gra**s** → Grä**s**er; lie**s**! → le**s**en

Du bekommst nun Wortpaare. Sprich den S-Laut im ersten Wort (ss) zischend und im zweiten Wort (s) summend:

Wissen	– Wiesen	Rasse	– Rasen
Wasser	– Vase	rissig	– riesig
Gasse	– Gase	Kessel	– Käse

7 Tommi und Tina hören bei den S-Lauten ganz aufmerksam hin, weil sie feststellen möchten, ob ein S-Laut zischt oder summt. Tina muss sich dann nur noch fragen, ob ein langer oder ein kurzer Vokal vor dem S-Laut zu hören ist. Tommi weiß beim summenden S-Laut: einfaches s!

Schwierige Konsonanten **39**

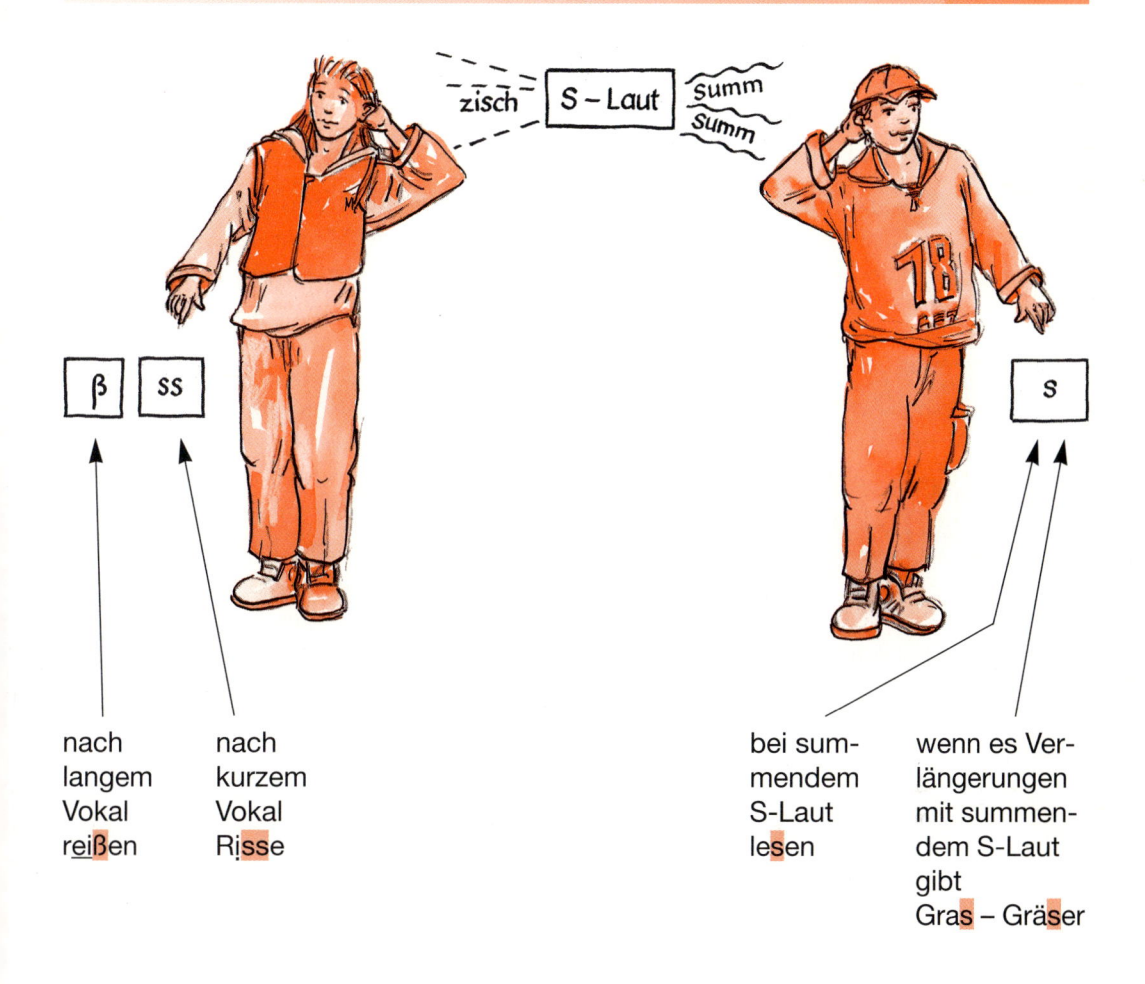

zisch S – Laut summ summ

ß ss   s

nach	nach	bei sum-	wenn es Ver-
langem	kurzem	mendem	längerungen
Vokal	Vokal	S-Laut	mit summen-
reißen	Risse	lesen	dem S-Laut
			gibt
			Gras – Gräser

Lies die folgenden Wörter so langsam, dass das s wie eine Biene summt:

Wiesen	Schleuse	Reise	Häuser
Rose	Gemüse	dieser	kreisen
Gläser	Rasen	Preise	lesen
Vasen	Reuse	niesen	Käse
Kaiser	Hosen	Lose	bremsen

Schreibe dir die Wörter heraus, die sich reimen (Vasen – Rasen).

_____ – _____   _____ – _____

_____ – _____   _____ – _____

_____ – _____   _____ – _____

Schwierige Konsonanten

S-Laute: einfaches s

8 **Singen ist keine Arbeit?**

Es war einmal eine Ameise, die nichts mehr liebte als emsig zu arbeiten. Ohne Rast und Pause krabbelte sie durch Gräser und Moose um Samenkörner und andere Leckerbissen für den kommenden Winter zu sammeln. Denn an Speise sollte es ihr in der Winterszeit nicht fehlen.

Ihre Nachbarin war die Grille. Sie schlief gern lange, genoss die warme Sonne und sang aus lauter Lebensfreude den ganzen Tag die fröhlichsten Weisen. Alle Nachbarn – die Amseln, Hasen, Meisen und Drosseln – genossen den Gesang der Grille und lobten die kostenlose Musik.

Als nun der Winter heranzog, bemerkte die sorglose Grille, dass sie gar keine Vorräte gesammelt und gespart hatte. Die Drossel konnte ihr nur einige Linsen schenken, vom Hasen erhielt sie etwas Gemüse. Sehr abweisend war die fleißige Ameise.

„Du hast im Sommer vor Freude gesungen, nun jaule den Winter lang vor Hunger!", fuhr sie bissig die Sängerin an. „Hat mein fleißiges und spaßiges Singen dich nicht erfreut? Auch Singen ist Arbeit und sie verdient ihren Lohn", antwortete die Grille.

Wer hat in deinen Augen Recht?

Schreibe aus der Geschichte mindestens 20 Wörter mit „summendem" s heraus!

_____
_____
_____
_____

9 Wenn hinter dem einfachen s noch ein Vokal wie -e kommt (wie bei Gräser), hörst du es summen. Wenn aber das einfache s am Schluss des Wortes steht (wie in Gras), summt es nicht mehr!

Bilde die Einzahl (Singular) zu folgenden Substantiven/Nomen:

(die Gräser → das Gras) die Preise → _____

die Gläser → _____ die Mäuse → _____

die Gleise → _____ die Gase → _____

Schwierige Konsonanten **41**

Jetzt umgekehrt: Du bekommst die Einzahl (Singular) und suchst dazu die Mehrzahl (Plural):

(die Laus → die Läuse)   die Gans → _____

das Los → _____   das Haus → _____

das Moos → _____   der Kreis → _____

Tina und Tommi haben etwas bemerkt! – Du auch?

Immer wenn du nicht sicher bist, ob ein S-Laut am Ende des Wortes als einfaches (rundes) s geschrieben wird, verlängerst du das Wort (Mehrzahl, Infinitiv) und prüfst, ob dieses s dabei summt.

Der Trick mit dem Verlängern des Wortes hilft wirklich aus vielen Schwierigkeiten!

Glei(s?/ß?)bau   → verlängert: Gleise   → also: Gleisbau
sorglo(s?/ß?)   → verlängert: sorglose (Kinder) → also: sorglos
Bla(s?/ß?)musik → verlängert: blasen   → also: Blasmusik

Suche gleich einmal die passenden Verlängerungswörter:

Ga__werk   (Gase)   Na__horn   (_____)

Brem__klötze   (_____)   Krei__verkehr   (_____)

Gedichtver__   (_____)   Hinwei__   (_____)

Lo__verkäufer   (_____)   furchtlo__   (_____)

Sparzin__   (_____)   Moo__blume   (_____)

Spa__vogel   (_____)

Achtung! Ein falsches Wort hat sich eingemogelt, das nicht zu einem summenden s verlängert werden kann.

Es heißt: _____.

10

Schwierige Konsonanten

11 Du hast gelernt, dass ein einfaches s geschrieben wird, wenn es in der Verlängerung ein gesummtes s gibt. Zur Verlängerung benutzt du am besten den Vokal -e (-en, -er).
Bei Verben steht der S-Laut oft vor einem -t: er niest – sie liest.
Auch hier hilft die Verlängerung, um Klarheit zu gewinnen:
er niest → niesen   sie liest → lesen

Beispiel für die folgende Übung: Hans nieste sehr laut. (niesen)

Eva lö__t das Rätsel. (_____)

Das Auto ra__te davon. (_____)

Die Kuh gra__t auf der Wiese. (_____)

Wohin rei__t ihr im Juli? (_____)

Was dü__t da am Himmel? (_____)

Jörg blie__ Trompete. (_____)

Hein dö__t in der Sonne. (_____)

Ihr habt mir das Spiel vermie__t. (_____)

Meine Katze schmu__t gerne. (_____)

Deine Haare sind zerzau__t. (_____)

Manche Wörter, die wir am Wortende mit einfachem s schreiben, lassen sich nicht verlängern. Diese musst du dir als Ausnahmen merken:

das – dies – es – etwas – bis – aus – nichts – als – los …

Aber durch häufigen Gebrauch sind dir solche Wörter bestens vertraut.

S-Laute: ss – ß

12 Blättere nun zurück zur Übung 8 (S. 40). Suche aus der Geschichte alle Wörter mit ss und ß heraus und schreibe sie in diese Tabelle:

mit ss	mit ß
_____	_____
_____	_____
_____	_____
_____	_____

Schwierige Konsonanten 43

13 Zur Unterscheidung von ss und ß ist das Hören wichtig. Beides sind zischende, scharfe S-Laute. Aber ss kann nur hinter einem kurzen Vokal stehen, während ß hinter einem lang gesprochenen Vokal oder Doppellaut/Zwielaut (wie z.B. ei) steht.
Markiere die Vokale vor den S-Lauten bei den folgenden Wörtern. Unter einen lang gesprochenen Vokal setzt du einen Strich (Größe), unter einen kurz gesprochenen Vokal (Rasse) malst du einen Punkt:

Drossel – Messer – stoßen – Fessel – Kloß – Flosse – Gruß – er vergisst – Soße – Sprosse – Rüssel – flüssig – bissig – spaßen – Fass – weißlich – ungegrüßt – Nüsse – Missgeschick – Strauß – Spieß – Ass – vergesslich – Guss – es passt

Denke dir kurze Sätze aus, in denen diese Wörter vorkommen:

Schlüssel – Flosse – Nässe – verlassen – Schüsse – Kissen – Schloss

Nimm deine Flossen von meinem PC!

Flossen trag ich nur im Schwimmbad!

14 Schreibe ß, wenn ein zischender S-Laut nach einem langen Vokal (Selbstlaut) steht:
Größe – Maße – gießen – Gruß

Doppellaute wie au und ei gelten immer als *lange* Vokale:
draußen – Strauß – beißen – Fleiß

Denke aber an Gras – Gräser!

Setze hier in die Sprüche ein:

Neustadt grü__t den Rest der Welt!

Briefträger bei__t den Wachhund!

In Gießen gie__t es in Strömen!

Die Stürmer schie__en aus allen Rohren.

Weil, so schlie__t er messerscharf, nicht sein kann, was nicht sein darf!

Wer nicht genie__en kann, ist für andere ungenie__bar!

Schwierige Konsonanten

15 In dem folgenden Text, der abzuschreiben ist, fehlen an den markierten Stellen die zischenden S-Laute. Prüfe die Länge der vorangehenden Vokale und setze dann ein: **ss** oder **ß** ?

Nichts gegen die Schule

Kaum einer, der heute zur Schule gehen mu*, wei*, was für eine gro*e Errungenschaft die allgemeine Schulpflicht ist. Noch vor 300 Jahren war der grö*te Teil des Volkes von den Erkenntni*en der Wi*enschaft ausgeschlossen. Denn das Wi*en blieb vor allem denen vorbehalten, die reicher waren und einen gewi*en Wohlstand besa*en. Nur sie konnten sich im Lesen und Schreiben unterweisen la*en.
Au*erhalb der Kirchen und ihrer Schulen besa* kaum jemand gedruckte Texte. Wi*en bedeutete in dieser Zeit auch Macht. Wer lesen konnte, war den anderen überlegen.
Heute lie*e sich keine Schülerin und kein Schüler mehr so bevormunden wie die Bauern und Handwerker in jener Zeit. Schlie*lich können sie nachlesen, was ihre Rechte sind.
Es soll jedoch auch heute noch einige geben, welche die Schule nicht gerade genie*en und für überflü*ig halten.

16 Bilde den Singular (Einzahl) zu diesen Formen. Markiere die kurzen Vokale vor dem S-Laut durch einen Punkt.

Küsse	–	Kuss	Imbisse	– _____
Ambosse	–	_____	Genüsse	– _____
Geschosse	–	_____	Asse	– _____
Flüsse	–	_____	Verschlüsse	– _____
Bässe	–	_____	Pässe	– _____
Kolosse	–	_____	Risse	– _____

Welche Wörter sind hier versteckt?

Entschl-   N-

Überdr-   -u-   -ss-   Sch-

Vorsch-   Zusch-

Schwierige Konsonanten 45

Oft steht ss nicht am Ende des Wortes, sondern im Wortinneren:
musste – sesshaft – unvergesslich – Flussbett

Auch hier gilt: Ist der Vokal kurz, wird ss geschrieben.

S-Laute: s – ss – ß

So wie Tommi vor der Fahrt nochmals sein Skateboard überprüft, wollen wir das Bisherige durchchecken:

17

1. Summt der S-Laut (manchmal erst bei Verlängerung)? → s
2. Zischt der S-Laut (auch bei Verlängerung)? → ss oder ß
   a) Steht der zischende S-Laut hinter einem kurzen Vokal? → ss
   b) Steht der zischende S-Laut hinter einem langen Vokal? → ß

Du weißt inzwischen, wie man die unterschiedlichen S-Laute schreibt. Du musst deutlich sprechen, verlängern und auf den vorausgehenden Vokal achten.

Sprich die folgenden Wörter deutlich und suche Verlängerungen, die dir verraten, ob ss oder s zu schreiben ist:

unpässlich	– passen	flu__abwärts	– F_____
ungewi__	– w_____	Hä__chen	– H_____
unerme__lich	– m_____	na__kalt	– N_____
moo__grün	– M_____	Prei__schild	– P_____

Diese Wörter müssen in den folgenden Text richtig eingesetzt werden:

18

nass – Schleusen – Wiesen – ergoss – Gusses – nachließ – Gras – reißenden – gerissen – unverdrossene – Fluss – brauste – bisschen – kräuselte

Wohin?

Ein Unwetter

Es regnete, als wären im Himmel alle _____ aufgegangen.

Die Flut _____ sich über Straßen und Wege, über

_____ und Felder. Ein streunender Hund wurde im

Regen _____, als er hastig einen Unterschlupf suchte.

Schwierige Konsonanten

Das _____ und Korn knickten unter der Wucht des _____ weg. Als der Regenguss etwas _____, wagten sich einige _____ Menschen unter ihren Schirmen an den _____ Bach, der zu einem _____ angeschwollen war. Sträucher, Büsche und anderes Geäst hatte er mit sich _____. Und alles _____ flussabwärts dem See entgegen. Dort verlor der Wasserstrom unversehens seine Wucht; nur die Oberfläche _____ sich ein _____.

19 Du kannst inzwischen das einfache, summende s und das zischende ss auseinander halten. Sprich beim Abschreiben laut mit.

s oder ss?

- Wer eine Weltrei*e macht, lernt viele Völker und Ra*en kennen.
- Die Chinesen e*en gern Hühnerfleisch.
- Viele Deutsche ra*en mit ihren schnellen Autos.
- In Italien gibt es Städtchen mit tau*end kleinen Ga*en.
- In der Sahara ist Wa*er eine Kostbarkeit.
- Die Japaner spei*en manchmal im Sitzen auf dem Boden.
- In manchen Ländern wird auch ohne Me*er und Gabel gegessen.
- Franzo*en prei*en gern ihre Kochkünste.

20 Die folgenden Sätze diktierst du dir bitte aufs Tonband.

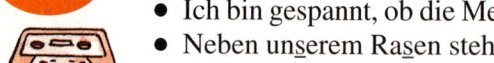

- Ich bin gespannt, ob die Meisen im Sommer Sonnenblumenkerne fressen.
- Neben unserem Rasen steht ein Strauch mit Rosenknospen.
- Zum Geburtstag lasse ich Dorothee Moosröschen bringen.
- Von der Festwiese her war schon vormittags Blasmusik zu hören.
- Der gewissenlose Kraftfahrer fuhr den Lastwagen mit schadhaften Bremsen.
- Soll die Wand mausgrau, moosgrün oder maisgelb gestrichen werden?
- Wenn der Kaiser niest, müssen die Diener tausendfach „Gesundheit" rufen.
- Wer im Glashaus sitzt, sollte nicht mit Steinen werfen!
- Mit einem Ass im Ärmel lässt sich genüsslich Karten spielen.

Spiele das Tonband ab und schreibe die Übungssätze ins Heft.

Nach der Kontrolle male die Felder aus, wobei für jeden Fehler ein Feld leer bleibt.

Schwierige Konsonanten 47

Qu-Laut

21

Bestimmt kam dir damals, beim Schreibenlernen, der Laut qu seltsam vor, weil er meistens wie „kw" gesprochen wird.
Lies laut:
quer – Qual – bequem – Quark – quietschen – Quelle – Quatsch – Quittung – Quetschkommode – quitt – Queen – Quadratmeter – Quecksilber – quasseln – Quarzuhr – Qualm

Findest du die passenden Wörter mit qu? Sie sind in der Liste enthalten.

Rede nicht solch einen Qu_____!

Du hast mich ebenfalls gehauen, nun sind wir qu_____.

Mein Zimmer ist 18 Qu_____meter groß.

Die ganze Zeit qu_____er mir langweiliges, dummes Zeug ins Ohr!

Aus dem Feuer stieg weißer, ätzender Qu_____.

Meine Uhr geht sehr genau, es ist eine Qu_____.

Im Thermometer steigt das Qu_____silber.

Die englische Königin heißt Qu_____.

Für die gezahlte Geldsumme hätte ich gern eine Qu_____.

Kontrollübungen zu Laut-h, S-Lauten und Qu-Laut

22

Jetzt kannst du kontrollieren, ob du beim Laut-h, den S-Lauten und dem Qu-Laut schon sicherer geworden bist.

Schreibe ab und ergänze!

eine gummiartige Kn*tmasse – der kaputte Fernse*er – der verdr*te Arm – es gesch*t zur Weihnachtszeit – ein Buch ausl*en – das M*en der Kühe – der Ritter kn*te nieder – immer Gutes t*n – der angen*te Knopf – die *alvolle Anstrengung – eine Feuer*alle im Meer – ein leckerer Früchte*ark – vor Vergnügen *ietschen – 1000 *adratkilometer Ackerland – *een Elizabeth aus Großbritannien

23 Den folgenden Text diktierst du dir bitte (mit Zeichensetzung) aufs Tonband.

Landliebe

Es geschieht heute eher selten, dass eine Frau oder ein Mann aus der Stadt einen Bauern oder eine Bäuerin als Ehepartner findet, aber zwischen Laura und Jan ist die große Liebe ausgebrochen. Und so steht Laura nun frühmorgens, wenn der Hahn kräht, auf, um das Vieh zu versorgen.

Da muht schon eine Kuh. Um die Melkmaschine bei ihr und den anderen zwanzig Artgenossen anzuschließen, muss Laura sich bücken und hinknien. Dabei tut der Rücken von der unbequemen Haltung öfters weh. Anschließend fährt sie mit dem Traktor zum Acker, wo Jan auf dem Mähdrescher seine Bahnen zieht oder Runden dreht. Wegen der Trockenheit gedeiht das Korn schlecht. Jan muss es verfrüht einfahren, denn sonst droht eine Missernte. Laura sät an diesem Tag Futterklee, füttert die Hühner, presst Quark und näht zerrissene Kartoffelsäcke. Bei Sonnenuntergang ruht dann schließlich die Arbeit.

In Gedanken zieht es Laura zwar noch in die Stadt, aber trotzdem möchte sie ihr Leben auf dem Lande nicht mehr missen.

Schwierige Konsonanten   49

24

Schreibe nun das Diktat „Landliebe" mit Hilfe deiner Tonbandaufnahme. Nach der Kontrolle füllst du wieder eine Pyramide aus. (Pro Fehler bleibt ein Kästchen frei.)
Die zweite Pyramide steht bereit, wenn du dieses Diktat noch einmal wiederholst.

Kontrollübung zu s – ss – ß

25

Alles verstanden? Dann geht's los! Setze die fehlenden Buchstaben ein.

- Opa August genie___t sonntags Thüringer Klö___e.
- Jessica versorgt sich an der Imbi___bude.
- Robert singt im Chor den Ba___.
- Anna ist so gro___ wie Nils.
- Der arme Siegfried schreit wie am Spie___.
- Neben dem kleinen Frank wirkt der dicke Sebastian wie ein Kolo___.
- Mit dem bi___igen Hund ist nicht zu spa___en, denn er bei___t sehr schnell.
- Für falsches Parken mu___te Papa eine Geldbu___e zahlen.
- Unser Hau___besitzer mu___ das Treppengeländer bis zum Dachgescho___ streichen la___en.
- Die Gewinner im Prei___ausschreiben hei___en: Anna, Doris und Michael.
- An der Grenze genügte der Auswei___, ein Reisepa___ war überflü___ig.
- Am Schlo___turm zeigt sich ein Mauerri___.
- Die Kunden rei___en dem Stra___enverkäufer die Ware au___ der Hand.

Lange Vokale

1 Jetzt fangen wir mit einem neuen Teilgebiet an. Es geht um Vokale (Selbstlaute), die *lang* gesprochen werden. Um sie von kurzen Vokalen zu unterscheiden, solltest du wieder deutlich sprechen.
Der folgende Text – du liest ihn bitte laut – enthält noch Lesehilfen für dich:

a: (unterstrichen) heißt *langer* Vokal
a: (mit Punkt) heißt *kurzer* Vokal

Rapunzel

An dem Tag aber, als sie Rapunzel verstoßen hatte, band die böse Zauberin deren Haare oben am Fensterrahmen fest und ließ die Haare hinab, da der Königssohn unten rief. Mit bösen Blicken empfing sie den Heraufkletternden und sprach höhnisch: „Für dich ist Rapunzel verloren, du wirst sie nie wieder sehen!" Beim Sturz vom Turm fiel er in die Dornen, die ihm die Augen zerstachen. Blind irrte er im Walde umher, aß nichts als Wurzeln und Beeren und klagte über den Verlust seiner liebsten Frau.

Außer dem a (auf das du jetzt gezielt geachtet hast) gibt es noch andere lange Vokale: ä – e – i(e) – o – ö – u – ü

Lange Vokale erscheinen auf folgende Arten:

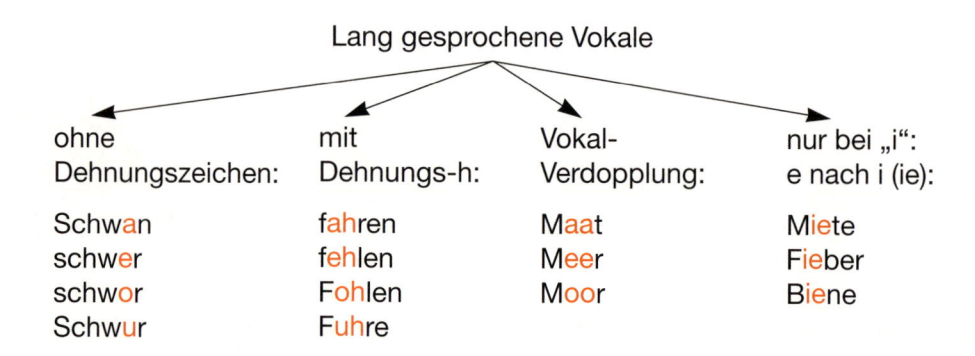

Lang gesprochene Vokale

ohne Dehnungszeichen:	mit Dehnungs-h:	Vokal-Verdopplung:	nur bei „i": e nach i (ie):
Schwan	fahren	Maat	Miete
schwer	fehlen	Meer	Fieber
schwor	Fohlen	Moor	Biene
Schwur	Fuhre		

Lange Vokale **51**

Lege dir im Heft bitte eine lange Tabelle mit vier Spalten an. Du wirst in diese Tabelle noch öfters eintragen.

ohne Dehnungszeichen	mit Dehnungs-h	mit Vokalverdopplung	mit ie
_____	_____	_____	_____
_____	_____	_____	_____
⋮	⋮	⋮	⋮

Ordne diese Wörter in die richtigen Spalten ein:
Fähre – Zahl – Entbehrung – Fehler – Düne – Bote – Rose – Teer – Fieber – stöhnen – Schnee – Moor – Speer – Spiegel – Qual – Kur – Wal – Tier – Scham – Bier – Saat – Leser – Fahne – Tee – Grieß – Moos – Bluse – Kies

Vokale ohne Dehnungszeichen

Knöpfen wir uns gleich das Schwerste vor: lang gesprochene Vokale ohne Dehnungszeichen.

2

Schwierig ist dies deshalb, weil es zu dem Rechtschreibproblem leider keine brauchbare Regel gibt. Man muss die betreffenden Wörter einfach oft genug gesehen (besser noch: geschrieben) haben.
Zum Einprägen lernst du aber jetzt einen Trick kennen, den du in Zukunft immer wieder anwenden sollst.

Meine Einpräge-Methode

Beispiel:
Du willst dir die Schreibung von „Kran" merken.

1. Lies *laut* „**Kran**".
2. Dann schließe die Augen und sprich noch zwei- bis dreimal langsam das Wort „K-r-a-n", wobei du dir währenddessen in Gedanken vorstellst, das Wort langsam auf Papier zu schreiben. Dein Zeigefinger kann diese Vorstellung in der Luft begleiten.

Lange Vokale

Präge dir ein!

Präge dir auf diese Art einige der folgenden Wörter mit langem a (*ohne Dehnungszeichen*) ein:

Ban<u>a</u>ne	Kr<u>a</u>nich	S<u>a</u>men	Sp<u>a</u>n
Br<u>a</u>ten	L<u>a</u>ken	Sand<u>a</u>le	sp<u>a</u>ren
D<u>a</u>me	Leichn<u>a</u>m	Sch<u>a</u>l	St<u>a</u>r
F<u>a</u>den	M<u>a</u>ler	Sch<u>a</u>le	T<u>a</u>l
Gr<u>a</u>m	N<u>a</u>me	Sch<u>a</u>r	Tr<u>a</u>n
H<u>a</u>ken	Pl<u>a</u>n	schm<u>a</u>l	Untert<u>a</u>n
Kr<u>a</u>m	Qu<u>a</u>l	Schw<u>a</u>n	Westf<u>a</u>len

3 Welche Wörter aus der Liste in Übung 2 passen zu den folgenden Umrissen? Schreibe sie daneben. Manchmal gibt es mehrere Möglichkeiten.

1. ☐☐☐☐☐☐ _____
2. ☐☐☐☐ _____
3. ☐☐☐ _____
4. ☐☐☐☐ _____
5. ☐☐☐☐☐ _____
6. ☐☐☐☐☐☐ _____
7. ☐☐ _____
8. ☐☐☐☐☐ _____

Schau dir die Merkwörter der Übung 2 noch einmal an. Unterstreiche Wörter, die du für schwierig hältst, und übertrage sie in die erste Spalte deiner Tabelle aus Übung 1.

Hier sind sieben Substantive/Nomen mit lang gesprochenem Vokal in Silben zerlegt. Findest du sie? (Der Anfangsbuchstabe ist jeweils unterstrichen.) Schreibe sie in der richtigen Form auf.

<u>S</u>CHA – ME – NE – <u>B</u>A – <u>N</u>A – NA – <u>B</u>RA – LE – DEN – <u>N</u>ÄH –TEN – <u>B</u>ETT – TAN – TER – FA – <u>U</u>N – LA – KEN

_____
_____
_____

Lange Vokale — 53

4 Nun präge dir auf die gleiche Art wie in Übung 2 Wörter *ohne Dehnungszeichen* mit langem ä, e und i ein:

ä B*ä*r – g*ä*ren – d*ä*mlich – Geb*ä*rde – (sich) gr*ä*men – kl*ä*ren – M*ä*rchen – n*ä*mlich – s*ä*en – sch*ä*len – Sp*ä*ne – Tr*ä*ne

e bequ*e*m – Beschw*e*rde – F*e*rien – H*e*ring – Kam*e*l – j*e* – qu*e*r – Sch*e*mel – Sch*e*re – schw*e*r – s*e*lig – w*e*nig

i d*i*r – m*i*r – w*i*r – du g*i*bst – er g*i*bt – g*i*b! – B*i*bel – B*i*ber – *I*gel – K*i*lo – L*i*ter – T*i*ger

Wähle aus den drei Listen jeweils fünf Wörter aus und ordne sie in alphabetischer Reihenfolge.

5 Tommi und Tina machen ein Reimspiel. Wer den passenden Reim (mit langem Vokal ohne Dehnungszeichen) gefunden hat, darf dem anderen ein Wort nennen:

Tal   ? → _____ (Schmerz)

_____ (nicht leicht) ← ? quer

gären   ? → _____ (deutlich machen)

_____ (im Auge)   ← ? Späne

nämlich   ? → _____ (dumm)

_____ (ich)   ← ? dir

Bibel   ? → _____ (Stacheltier)

_____ (zu zweit)   ← ? Märchen

Sandale   ? → _____ (Hülle)

_____ (Aufhänger)   ← ? Laken

Taten   ? → _____ (Fleisch)

_____ (Wasservogel) ← ? Kran

Schar   ? → _____ (Prominenter)

Lange Vokale

6 Welche Merkwörter mit lang gesprochenem Vokal findest du in diesem Buchstabenquadrat versteckt?

waagerecht: senkrecht:

B	A	B	C	D	E	F	G	B	Ä	R	T
I	J	K	L	M	N	S	O	E	P	Q	I
B	M	Ä	R	C	H	E	N	S	R	S	G
E	T	U	V	W	X	L	Y	C	Z	A	E
L	I	T	E	R	B	I	D	H	C	E	R
S	P	Ä	N	E	F	G	G	W	H	I	J
K	L	M	N	O	P	Q	R	E	K	S	T
U	V	W	X	Y	Z	H	E	R	I	N	G
Z	S	C	H	E	R	E	Y	D	L	Q	Ä
W	V	U	T	S	R	D	P	E	O	L	R
K	A	M	E	L	M	I	N	L	K	Q	E
H	J	K	L	S	M	R	H	C	S	U	N

7 Präge dir in dieser Übung nach der bekannten Methode (vgl. Übung 2) neue Wörter mit langem Vokal (aber ohne Dehnungszeichen) ein:

Präge dir ein!

o		ö	u	ü
Dom	schmoren	empören	Blume	Blüte
geboren	schonen	hören	Flur	Geschwür
holen	Spion	König	pur	grün
Honig	Sporen	Öl	Schnur	schnüren
Krone	Strom	persönlich	Schule	schwül
Mond	Tomate	schön	Schwur	schüren
Pastor	Ton	schwören	Spule	spülen
Person	Tor	stören	Spur	spüren
Pistole	vor	strömen	stur	ungestüm
Pol	Zone		tun	Ungetüm

Wähle aus jeder Liste sechs Wörter aus und ordne sie alphabetisch.

Lange Vokale

8 Welche Wörter mit lang gesprochenem o kannst du mit diesem Wortstern bilden?

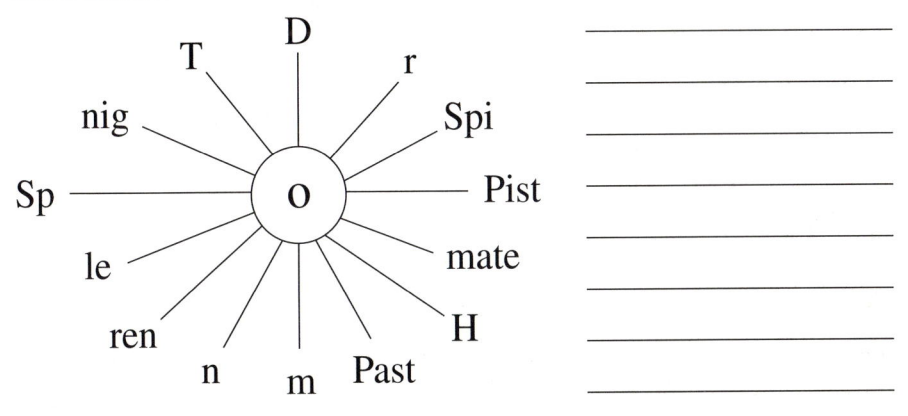

Wortstern mit Silben: T, D, r, nig, Spi, Sp, o, Pist, le, mate, ren, H, n, m, Past

_____
_____
_____
_____
_____
_____
_____
_____

Hier sind Wortsilben durcheinander geraten:

1. Sie lockt Insekten an: TEBLÜ   → _____
2. Es ist Furcht erregend: GETÜMUN   → _____
3. Es reinigt das Geschirr: TELSPÜLMIT   → _____
4. Es läuft wie am ... :   CHENSCHNÜR   → _____
5. Ein Feuer kann man ... :   RENSCHÜ   → _____
6. Kaninchenfutter ist ... :   NÜRG   → _____

9 Hier darfst du Reimwörter suchen. Achte darauf, dass ihre Vokale lang gesprochen werden, aber kein Dehnungszeichen besitzen:

Tüte	? → _____	(Blume)
schnüren	? → _____	(fühlen)
Spur	? → _____	(Vorraum)
Schwur	? → _____	(Faden)
schwören	? → _____	(nicht sehen, sondern ...)
schon	? → _____	(Laut)
geboren	? → _____	(braten)
holen	? → _____	(Waffen)

Lange Vokale

Nation	? →	_____	(Agent)
Schwere	? →	_____	(Werkzeug)
grämen	? →	_____	(Schuld fühlen)
pur	? →	_____	(starrköpfig)
Dom	? →	_____	(Fluss)
Zone	? →	_____	(Kopfschmuck)

10

Wir schauen zurück auf die letzten Übungen mit ihren Wortlisten. Die schwierigsten Wörter mit langem Vokal ohne Dehnungszeichen kannst du nun heraussuchen und damit die Spalte 1 aus Übung 1 ergänzen.

Hier kannst du ein Kreuzworträtsel lösen:

waagerecht:
- 1: Gemahl der Königin
- 9: billige Ware
- 15: vornehme Frau
- 19: erdnaher Planet
- 25: Künstler mit Pinsel
- 34: Samen einsetzen
- 38: Fährte

senkrecht:
- 1: königlicher Kopfschmuck
- 2: flüssiges Fett
- 5: Ärger
- 6: Schlusswort beim Gebet
- 11: Zusammenziehung: an dem
- 13: Gegenteil von bringen
- 19: Würmer im Obst
- 22: Körperorgan, das Flüssiges ausstößt
- 33: machen
- 39: Fluss in Norditalien

Eine harte Nuss; mal sehen, wie weit ich komme.

Lange Vokale

Vokale mit Dehnungs-h

11

Das wäre nun geschafft! Du, Tina und Tommi, ihr seid jetzt über den Berg. Nun geht es wieder leichter, denn für die nächsten langen Vokale haben wir eine Regel.

Viele lange Vokale werden durch ein Dehnungs-h gekennzeichnet. Man kann es nicht hören, es dehnt nur den Vokal:

z<u>ah</u>m – R<u>ah</u>m – er n<u>ah</u>m

Dieses Dehnungs-h steht nur vor *vier* bestimmten Konsonanten (Mitlauten).

Finde diese vier gesuchten Konsonanten hier heraus.

Im Bergwerk

Viele unserer Kraftwerke verheizen Kohle. Sie wird unterirdisch im Ruhrgebiet abgebaut. In Stollen, die durch Pfähle und Holzbohlen gesichert werden, wird das „schwarze Gold" aus dem Berg gebohrt, mit einer Grubenbahn durch hohle Tunnelwege - die Stollen - zum Förderschacht transportiert und dann Fuhre für Fuhre ans Tageslicht gebracht. Die „Kumpel" sehen nach getaner Arbeit oft so schwarz wie die Kohle aus. Mit Eisenbahnwaggons oder Kähnen gelangt die Steinkohle dann an ihr Ziel.
Außerdem wird für fremde Währung aber auch ausländische Kohle eingeführt, wodurch die Einnahmen der hiesigen Bergwerke sinken.

Unterstreiche alle <u>h</u>, die einen gedehnten Vokal anzeigen.
Prüfe, welche Konsonanten auf das Dehnungs-h folgen.

(Es sind ☐ , ☐ , ☐ und ☐ .)

Lange Vokale

12 Wenn du die richtigen vier Konsonanten gefunden hast, vor denen ein Dehnungs-h stehen kann, wirst du schnell die Buchstaben einsetzen können.

Übertrage die Sätze in dein Heft:

- Wie oft sollen wir den Müller noch ermah*en das Korn gründlich zu mah*en!
- Cowboys aßen gern dicke Boh*en.
- Gleisarbeiter mussten Löcher in die Boh*en boh*en.
- Wegen seines Aussehens soll man niemand verhöh*en.
- In der Höh*e ist es dunkel.
- Hoffentlich wird er seinem frechen Soh* nicht den Hintern versoh*en!
- Das Industriegebiet an der Ruh* genoss weltweiten Ruh*.
- Früher sagte man zum Onkel „Oheim" oder „Oh*".
- Mit dem Oh* hört man.
- Wer konnte ah*en, dass die Affen den Zoodirektor nachah*en würden!

13 ☐ ☐ ☐ ☐ heißen die vier Konsonanten, vor denen ein Dehnungs-h steht.
Setze jeweils den richtigen Konsonanten ein, dann findest du die gesuchten Wörter.

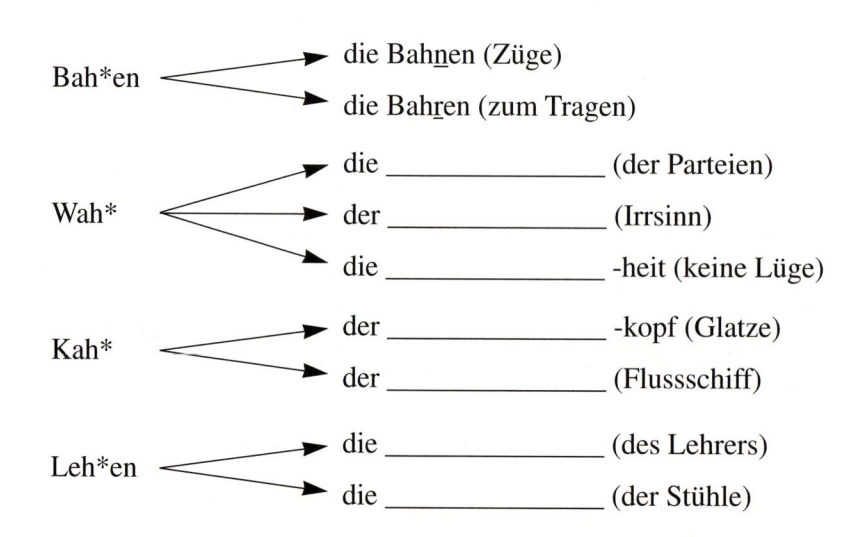

Bah*en → die Bah<u>n</u>en (Züge)
→ die Bah<u>r</u>en (zum Tragen)

Wah* → die _____ (der Parteien)
→ der _____ (Irrsinn)
→ die _____ -heit (keine Lüge)

Kah* → der _____ -kopf (Glatze)
→ der _____ (Flussschiff)

Leh*en → die _____ (des Lehrers)
→ die _____ (der Stühle)

Lange Vokale **59**

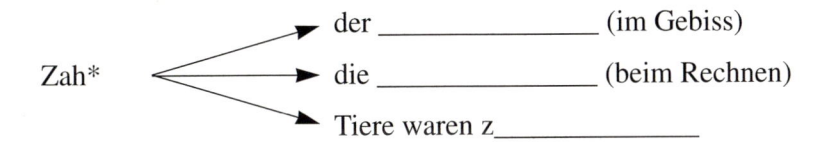

Zah*
- der _____ (im Gebiss)
- die _____ (beim Rechnen)
- Tiere waren z_____

Bilde einige lustige Sätze mit den gefundenen Wörtern.

Du hast jetzt gelernt, wo wir mit dem Dehnungs-h rechnen müssen (vor l, m, n, r). Außerdem kennst du inzwischen viele Wörter mit lang gesprochenem Vokal ohne Dehnungs-h.

Jetzt gib besonders Acht! Wörter, die sich reimen, können durchaus verschieden geschrieben werden:

T<u>a</u>l ←→ Z<u>ah</u>l
(ohne Dehnungszeichen)   (mit Dehnungs-h)

Vergiss dies nicht bei dieser Übung.

Ergänze mit Reimwörtern:

- Die *Bahn* fährt schwere Kisten heran. Der K_____ hebt diese auf Lastwagen.
- Omas *Uhr* steht im F_____.
- Wir erhalten ein Geschenk zum *Lohne*. Auf des Königs Haupt sitzt die K_____.
- Sitzt man wirklich *angenehm*, ist der Sessel meist b_____!
- Elefanten haben große *Ohren*. Das Pferd treibt man an mit S_____.
- Auf dem Flusse fährt ein *Kahn*. Auf dem Teiche schwimmt der S_____.
- Willst du warmes Wasser *fühlen*, komm und hilf mir schnell beim S_____!
- Ich lass mich nicht beim Essen *stören*, denn heute gibt es Klops mit M_____.

Lange Vokale

15 Wenn es ähnliche Wörter gibt (wie z.B. mahlen und malen, also mit und ohne Dehnungs-h), dann haben diese natürlich unterschiedliche Bedeutungen:
der Müller m<u>ah</u>lt das Korn – der Maler m<u>a</u>lt ein Bild

Schreibe die folgenden Sätze ins Heft und trage das richtige Wort ein.

Sohle/Sole:
Die ** ist Salzwasser. Durchs Wandern ist die linke ** schon ganz abgelaufen.

Nachnahme/Nachname:
„Müller" ist ein häufiger **. Eine Postsendung, für die man beim Empfang bezahlen muss, nennt man **.

dehnen/denen:
Der Trainer sagt **, die ihre Muskeln nicht **, dass sie sich verletzen können.

16 Bilde Sätze, aus denen die Bedeutungsunterschiede der folgenden Wortpaare deutlich werden:

hohl – hol!; Mahl – Denkmal; Sohn – Person; nehmen – nämlich; bewahren – Waren

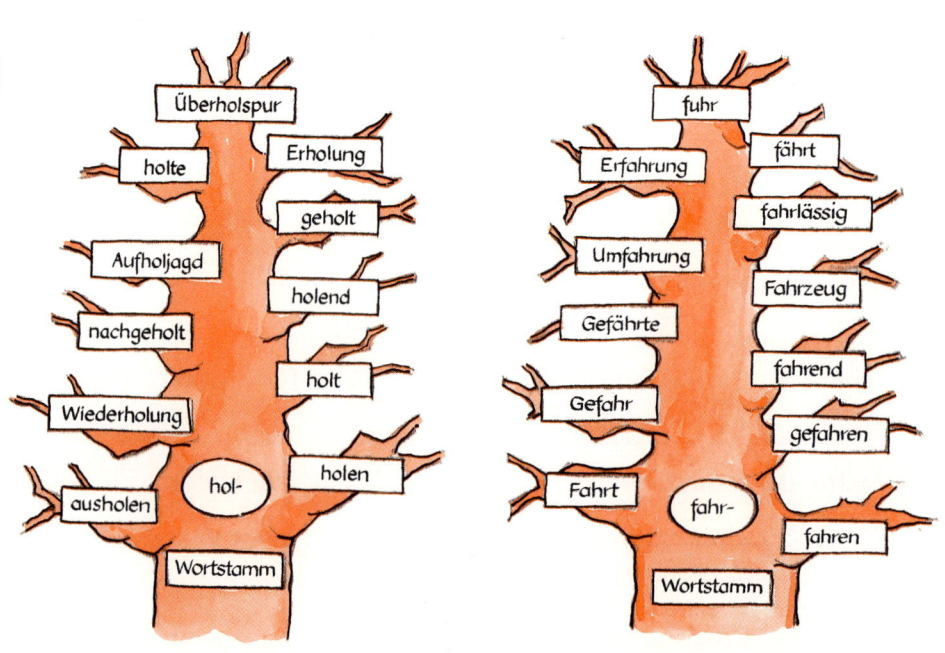

17

Baum 1 (Wortstamm: hol-): Überholspur, holte, Erholung, geholt, Aufholjagd, holend, nachgeholt, holt, Wiederholung, holen, ausholen

Baum 2 (Wortstamm: fahr-): fuhr, fährt, Erfahrung, fahrlässig, Umfahrung, Fahrzeug, Gefährte, fahrend, Gefahr, gefahren, Fahrt, fahren

Lange Vokale

Wir sehen auf der Seite 60 unten rechts einen Wortstamm *mit* Dehnungs-h (fahr-) und links daneben einen zweiten *ohne* Dehnungszeichen (hol-). Du siehst an den *Ableitungen* (Zweigen), dass ein Dehnungs-h in allen Ableitungen erhalten bleibt. Aber auch das Fehlen eines solchen Zeichens wird überall auftauchen.

Also:
Kannst du die Grundform – den Wortstamm – richtig schreiben, beherrschst du auch alle *verwandten* Formen!

Suche viele Ableitungen zu den Wortstämmen lehr- und les-.

lehr-: _____

_____

_____

les-: _____

_____

_____

Von einigen Verben wollen wir die Vergangenheitsform (Präteritum/Imperfekt) und die vollendete Vergangenheit (Plusquamperfekt) bilden, um zu verfolgen, wie das fehlende Dehnungszeichen, aber auch ein vorhandenes Dehnungs-h in den Ableitungen erhalten bleiben.

Infinitiv (Grundform)	Präteritum, 3. Per. Sing.	Plusquamperfekt 2. Pers. Sing.
rasen	er raste	du warst gerast
fahren	er fuhr	_____
quälen	_____	du hattest _____
wühlen	_____	_____
toben	_____	_____
befehlen	_____	_____
sparen	_____	_____
wählen	_____	_____

Lange Vokale

19 Schau dir zunächst die Schreibweise dieser Substantive/Nomen an. Sie sind mit den später verwendeten Verben verwandt.

Wiederholung   Gefühl   Spülung
Befehl   Wahl
Fehler   Mahlzeit

Setze die Verben im Präteritum ein.

l oder hl?

mahlen: Er mahlte das Korn bei Tag und bei Nacht.
ho___en: Fritz _____ einen Eimer Kohle aus dem Keller.
spü___en: Meine Schwester _____ nur mit heißem Wasser.
fe___en: Ihr zwei _____ letzte Woche dreimal im Turnen.
wä___en: Warum _____ du auch diese Partei?
fü___en: Ich _____ einen brennenden Schmerz.
befe___en: Der Soldat _____ den Rekruten zu marschieren.

Präge dir ein!

Beachte:
In gebeugten Verbformen taucht ein Dehnungs-h auf, wenn auch im Infinitiv (Grundform) eines vorhanden ist.

Tipp:
Suche im Zweifelsfall den *Infinitiv*. (Ist dort ein Dehnungs-h?)
Beispiel: ihm wurde befohlen ← Infinitiv: befehlen

20 Hier ist ein Worthaufen. Sieh genau hin, wie in den einzelnen Wörtern die langen Vokale geschrieben werden. In den nächsten Übungen werden verwandte Wörter auftauchen ...

rühmen   wohnen   telefonieren
Umrahmung   Lastkahn
Kranich   sehnig   persönlich   Uhrzeit   Torwart
Bohrturm   Walfang   Versöhnung   Mohrenkopf
aushöhlen   Ehre   Pfeifton   Zitroneneis   schwören
spüren   nehmen   dämlich   Führung

Lange Vokale 63

Übertrage die folgenden Sätze ins Heft und entscheide, ob die langen Vokale ein Dehnungs-h haben müssen oder nicht.

m oder hm?

- Der Papagei wollte Claudias Stimme nacha*men.
- Der Ra*en des Bildes war vergoldet.
- Benimm dich, du stehst vor einer Da*e!
- Bring mir bitte Blumensa*en für Dahlien mit!
- Wir wollen gemeinsa* den Topf Ra*spinat leeren.
- I*, dem König, stand Ehre und Ru* zu.
- Was Lisa genommen hatte, na* auch Julia.
- Wann blüht die Sonnenblu*e?
- Wieder ka* die Wahrheit zum Vorschein.
- Der Sohn meines Vaters soll sich besser bene*en!

Lies dir die folgenden Übungssätze genau durch! Diktiere sie dann (mit Zeichensetzung) aufs Tonband. **21**

n oder hn?

- Paul ist der So* von Frau Kurz, einer lustigen Perso*.
- Der junge Sänger traf oft nicht den To*.
- Gnädige Frau, darf ich I*en behilflich sein?
- Aus Gewo*heit lutsche ich gern Zitro*en.
- Die Sonne scheint in England viel zu we*ig.
- Papa, da ist wieder der griesgrämige Mann am Telefo*!
- Kentert der Ka*, freuen sich die Zuschauer.
- Die Kinder, de*en das Boot gehört, sind oft am Fluss.
- In den Ferien se*e ich mich nach meinen Freunden.

Schreibe das Diktat aus der letzten Übung ins Heft. (Wenn zu schnell diktiert wird, weißt du ja, bei wem du dich beschweren musst!) **22**

Vergleiche anschließend deine Niederschrift mit dem Original bzw. Lösungsheft. Korrigiere Fehler und präge dir die richtige Form mehrmals ein.

Lange Vokale

23 Heute zeigen wir wieder unsere „dichterische Ader"!
Ergänze mit Reimwörtern.

r oder hr?

- Wenn ich mit Gips zum Röntgen fahre, trägt man mich auf einer _____ .

- Einen Wunsch hat Jochen nur: eine neue

  Armband _____ .

- Schon die alten Schriften lehren: Du sollst deine Lehrer

  _____ !

- Im Fußballstadion singt der Chor: „Rudi, Rudi, noch ein

  _____ !"

- Wer sich nicht beizeiten rührt, wird zum Ausgang

  hinge _____ .

- Hast du deinen Zahn verloren, kann der Zahnarzt auch nicht

  _____ !

Du weißt, dass ein Dehnungs-h nur vor l, m, n, r stehen kann.
Es gibt noch eine Regel, die den Gebrauch dieses h weiter einschränkt:
Betonte Silben, die mit t, sch oder qu anfangen, haben *kein* Dehnungs-h!

Präge dir ein! Vergleiche selbst und präge dir ein:

t-	sch-	qu-
Tal	Schal	Qual
Tran	Schwan	quer
Ton	schmoren	bequem
tun	beschweren	Quote
Thron	Bescherung	überqueren

Lange Vokale **65**

Tommi und Tina reimen um die Wette:

"Nur l, m, n, r, das merke ja, dulden vor sich ein Dehnungs-h!"

"Lieber Tommi, kein Blabla, Schluss mit deinem Dehnungs-h! Steht am Anfang t-, sch-, qu-, kommt kein Dehnungs-h dazu: Tal - Schal - Qual merk dir im Nu."

24

Neben den folgenden Ausdrücken stehen jeweils die Umrisse der gesuchten Wörter. Achtung: Manchmal steht ein Dehnungs-h, manchmal nicht. Trage die einzelnen Buchstaben in die Kästchen ein.

Beispiel: Kind des Vaters: Sohn — S|o|h|n

tickt jede Sekunde:

putze ihn, sonst tut es weh:

ein Eid:

flaches Lastschiff:

Öffnung im Berg:

Hebegerät:

Küchenplatz zum Abwaschen:

Lange Vokale

Abdruck im Sand:

langes Kleidungsstück:

saure Frucht:

großes Meeressäugetier:

Bestandteil des Schießbogens:

Blicke noch einmal zurück bis zur Übung 10. Welche der Wörter mit Dehnungs-h sind schwierig zu merken? Schreibe sie in Spalte 2 aus der Übung 1.

Vokalverdopplung (aa – ee – oo)

25 Einige der paar Haare, die Onkel Klaas noch hat, findet er immer in seiner leeren Tasse, wenn er Kaffee oder Tee getrunken hat. Wir bitten eine Fee aus dem Moor um einen Zauberbrei aus Beeren, Klee, Teer und Moos für seinen Haarwuchs. Ist das keine tolle Idee?

Du hast im Übungsheft die Tabelle aus Übung 1. In die dritte Spalte kommen ab jetzt alle Wörter mit Doppelvokalen. Trage dort (nach und nach) alle Wörter mit Vokalverdopplung (aa – ee – oo) ein.
Beginne mit den Wörtern aus dem Onkel-Klaas-Text. Setze die Einträge dann selbst fort.

- Onkel Willi und Tante Trude sind ein dickes Paar, das zusammen sechs Zentner auf die Waage bringt.
- Im Frankfurter Zoo kann man auf einem kleinen See Boot fahren.
- Wer kennt Deutschlands Flüsse? Die Saale fließt zur Elbe, die Saar zur Mosel und die Spree mündet in die Havel.
- In unserem Staat beginnt das Städteverzeichnis mit Aachen und Aalen.
- Die Leute am Meer essen gern Aal in Gelee.

Lange Vokale

- Die letztjährige Saat ging in unserem Beet nicht auf, schon gar kein Lorbeer.
- Niemand räumt den Schnee von der Allee.
- Die alte Armee bestand aus dem Heer, dem Fußvolk mit Speeren und der Reiterei.
- Geier fressen Aas.
- Was fällt euch ein, in diesem festlichen Saal lauthals zu krakeelen!
- Ich bin gesund an Körper, Geist und Seele.

Es gibt ziemlich wenig Wörter mit doppeltem Vokal, sodass du sie schnell lernen kannst.

> Boot und Moor und Moos und Zoo schreiben wir mit Doppel-o!

Präge dir zunächst die fünf Wörter mit oo ein.
(Da du das Wort „doof" sicher schon oft geschrieben hast, passen die restlichen vier sogar in einen Reim.)

Hast du auch Lust zu reimen? Bei den Wörtern mit Vokalverdopplung ist dies ganz leicht:

26

Die gute *Dorothee*
trinkt morgens viel K_____.
Hechte, Karpfen, *Aale*
schwimmen in der S_____.
Verschmutzt nicht euer *Meer*
mit Säure, Öl und T_____!
Ich hab eine *Idee*:
Wir gehen zur A_____!

Die gute Wasser*fee*
ging baden in dem S_____.
Ich würd drei Teller *leeren*
mit Milch und Heidel_____.
Dem alten Ehe*paare*
ergrauten schnell die _____.
Ein Hase trinkt nicht *Tee*,
er futtert lieber _____.

Ergänze nun wieder deine Tabelle aus Übung 1 (Spalte 3) durch diese neuen Wörter mit Doppelvokalen.

Lange Vokale

27 So wie die Dehnungszeichen eines Wortstamms in allen Ableitungen erhalten bleiben, sind natürlich auch aa, ee, oo in den Ableitungen zu finden.

Heer: Heerschar, verheeren ... Waage: waagerecht, Viehwaage ...
leer: Leere, ausgeleert, Leerung ... Staat: verstaatlichen, Staatsmann ...

Schau dir deine Tabelle mit Doppelvokal-Wörtern an und vervollständige die folgenden Ausdrücke.
Beispiel: _____landschaft: <u>Schnee</u>landschaft

das Mist_____   die Pappel_____

der Pfefferminz_____   die Briefkasten_____ung

die Personen_____   die s_____ische Erkrankung

der ver_____ende Sturm   die _____liche Gesetzgebung

Tina hat der Ehrgeiz gepackt. Wie viele Wörter mit aa kriegt sie in einen Satz?

Saal
Paar
Haar
Aal

Aas und Aal und Saal und Saar, Aachen, Waage, Saale, Paar, Staat und Saat und paar und Haar schreiben wir mit Doppel-a!

Achtung! Umlaute werden nicht verdoppelt. Also: das Paar - das Pärchen, das Haar - das Härchen.

28 Präge dir mit Hilfe deiner Tabelle noch einmal alle Wörter mit ee gründlich ein.
Schreibe sie zu diesem Zweck ab und ordne sie dabei in alphabetischer Reihenfolge.

Lange Vokale **69**

Löse auch das folgende Worträtsel.

- vierblättrig soll er Glück bringen _____
- für einen Ball und für einen Mann, sicherlich auch für eine Frau im Winter geeignet _____
- wichtiger Bestandteil der Straße _____
- nicht nur zwischen Europa und Amerika befindet es sich _____
- kleinere Ausführung von Vorhergehendem _____
- aus Kräutern hergestellt, hilft er bei fast jeder Krankheit _____
- sportliches Wurfgerät _____
- Getränk mit FF, aber darauf kommt es hier nicht an _____
- je nach Vorliebe wählt man sie mit Stachel oder in Blau _____
- in diesem Zustand gehört die Flasche in den Glascontainer _____

Kennst du noch die Wörter mit oo? Schau schnell noch einmal in Übung 25 nach.

Das folgende Gedicht stammt von einem Mädchen aus einer 5. Klasse. Du lernst es kennen, wenn du die passenden Doppelkonsonanten (aa – ee – oo) einsetzt. **29**

Die Fee am See

Es saß mal eine F____ am See; gar fröhlich trank sie Früchtet____.

Da kam ein ____l, der lud sie ein am Abend doch ihr Gast zu sein.

„Das Fest steigt drüben in dem S____l.

Du weißt schon wo, im Wunschpunsch-Tal!",

dies rief der Aal.

Lange Vokale

Drauf schrie die Fee: „Gute Id____! Wir fahren im B____t. Alles okay?
Ich trink nur noch den Früchtet____!"
Dann rief sie: „Los!", und sprang zum B____t. Sie segelten ins Abendrot.
Sie waren mitten auf dem S____, da rief die aufgeregte F____:
„Oje, oje, jetzt fällt mir's ein! Wie kann man so vergesslich sein?
Mein H____rgummi liegt noch im M____s!
Fahr schnell zurück, beeil dich, los!
Mein Kamm, der liegt bestimmt im B____t!
Zu d____f, verdammt und zugenäht!
Den Zauberstab ich auch vergaß, er liegt im Kl____. Zu dumm ist das!
O Schreck, mein Korb: Er ist ganz l____r!
Weg sind S____t, Kaff____ und Sp____r!
Und meine rote Zauberb____re ist weg samt W____ge, o Misere!
Verlor ich die auf der All____, bei dem Gerenne hin zum S____?
Oder schon gestern in dem Z____? Das weiß kein ____s und auch kein Floh.
Wo ist in meinem Kopf der Einfall?
Ich glaub, das Fest, das wird ein Reinfall!" –
„Wie wahr du sprichst", sagt da der ____l, „von Dienern viele an der Zahl,
ein ganzes H____r, das bräuchtest du! Die könnten helfen dir im Nu!"

Lange Vokale

Unterscheidung von a – ah – aa; ä – äh

In Zweifelsfällen hilft dir bei Wörtern mit langen Vokalen auch die Suche nach dem Stammwort oder nach verwandten Wörtern weiter:

„täglich" → T<u>a</u>g;   „wählerisch" → W<u>ah</u>l;   „moosig" → M<u>oo</u>s

Nimm deinen Bleistift und probiere es gleich!

einfädeln	→ F_____	ausscheren	→ S_____
nämlich	→ N_____	Beschwerde	→ s_____
grämen	→ G_____	erholsam	→ h_____
Krämer	→ K_____	Höfchen	→ H_____
verplanen	→ P_____	Krönung	→ K_____
westfälisch	→ W_____	seelisch	→ S_____
gefährlich	→ G_____	strömen	→ S_____
spärlich	→ s_____	geblümt	→ B_____

Diktiere nun die Geschichte vom Fischverkäufer aufs Tonband.

a – ah – aa?

Der Fischverkäufer

Auf Messen oder Jahrmärkten findet man ihn in einem Verkaufswagen, dessen Ladenklappe geöffnet ist: den Fischverkäufer. Er ist nicht zu überhören und oft sehr unterhaltsam. Witzig und prahlerisch steht er da und hält seine Zuschauer in Atem. Das eine Mal spricht er zu der „verehrten Dame", das andere Mal zu ihrem „Herrn Gemahl" und danach sind es „liebe Herrschaften". Er ist ein wahrer Meister im Anpreisen seiner Waren. Da fliegen für zwanzig Mark zahllose Fische in die Waage und immer folgt noch eine Zugabe. Da rasen die Worte, wirbeln Räucheraale durch die Luft und der Zuschauer ahnt, dass auch diese Anzahl von Fischen wieder nur zwanzig Mark kosten wird. Zwar sind manche Leute misstrauisch und suchen nach einem Haken bei der Sache. Aber da klatschen noch ein paar Aale in die Waagschale und nun wird wie wahnsinnig gekauft, solange der Vorrat reicht.

Lange Vokale

31 Zuerst schreibst du das Diktat „Der Fischverkäufer" nach der Tonbandaufzeichnung auf.

Kontrolliere anschließend deinen Erfolg. Für heute gilt die erste Pyramide. Die zweite gilt dann, wenn du das Diktat noch einmal schreibst.

Sprich nun den Text für die nächste Übung aufs Tonband.

ä oder äh?

Das vermisste Märchenbuch

Vielleicht ist es jemandem einmal ähnlich gegangen wie mir: Mein Lieblingsbuch war nicht mehr zu finden. Wie schade! Es war nämlich besonders prächtig bebildert. Ich sah deutlich die tanzenden Bären oder den Jäger, einen gefährlichen Drachen, das Zauberpferd mit seiner Mähne und das hängende Fähnchen auf Dornröschens Schloss. Auch die Barthärchen von König Drosselbart waren so ausgemalt, als wären sie echt.
„Ach, käme dieses Buch doch wieder zum Vorschein!", dachte ich manchmal. – Es kam, beim Aufräumen meines Zimmers. Ich schlug es auf, suchte und spähte nach den Bildern, aber fand keine mehr. Allmählich erst begriff ich, wie meine Fantasie auf rätselhafte Weise dieses Buch ausgeschmückt hatte.

Unterscheidung von e – eh – ee

32 Spiele dein Tonband ab und schreibe den Text „Das vermisste Märchenbuch" auf.

Was zeigt die Kontrolle?

Sprich auch den folgenden Text auf Band.

e – eh – ee?

Ferienlaune

In den Sommerferien machen Tommi und Tina es sich zu Hause bequem. Tina ist selig, dass am Mittagstisch nicht mehr von der Schule die Rede ist. Auch Tommi mag nun keine Lehrer mehr sehen. Nein, die Schule wird ihnen nicht fehlen.

Tina hat auch schon eine Idee. Sie ruft Tommi in die Küche und will einen Nachtisch zaubern. Dazu soll er aus dem Garten Johannisbeeren, Erdbeeren und Kirschen holen. Diese werden zusammen mit Eiswürfeln in einen leeren Mixer gegeben und etwa zehn Sekunden verquirlt, bis sie zu einem Früchtepüree geworden sind. Nun wird der Nachtisch in Schälchen gefüllt, mit einem Schneebesen die Sahne geschlagen und dazugegeben.

Mit den Schälchen in der Hand und einem Teelöffel geht es gleich hinaus in die Lehnstühle. So genießen Tina und Tommi die Sonne und den Ferienbeginn.

Unterscheidung von o – oh; ö – öh

Schau einmal, wie sicher du bei deinem Diktat aus der letzten Übung bist.

Was zeigt die Kontrolle?

Sprich den Text für die nächste Übung aufs Tonband.

o oder oh; ö oder öh?

Spione

Man weiß, dass jedes Land Spione hat. Sie beobachten, suchen nach Geheimnissen und forschen lohnende Dinge oder Personen aus. Natürlich ist das eigentlich verboten und für sie gefährlich.

Lange Vokale

Gewöhnlich leben Spione unauffällig und verändern ihre Gewohnheiten so, dass sie für ganz gewöhnliche Nachbarn gehalten werden. Das Lügen und Bedrohen gehört zu ihrem Handwerk, aber auch Menschenkenntnis, gute Augen und Ohren sind nötig. Dies wird so oft trainiert, bis der Spion alles ohne ein Zögern beherrscht. Denn niemand wird als Spion geboren. Oft haben sie sogar Pistolen, falls es bedrohlich werden könnte.

Es gibt auch einige Kinderbücher, in denen Spione eine Rolle spielen. Die kommen natürlich ohne Pistolen aus und am Ende droht dem Übeltäter immer eine Bestrafung.

Unterscheidung von u – uh; ü – üh

34 Schreibe das Übungsdiktat „Spione".

Kontrolliere:

Sprich nun dieses Diktat aufs Tonband:

u oder uh; ü oder üh?

Wettervorhersage

Onkel Rudolf ist in unserer Verwandtschaft für seine Wetterfühligkeit berühmt. Seine überempfindlichen Nerven melden ihm alle Wetteränderungen. Früher als die Gartenblumen weiß sein Hexenschuss im Rücken, wann es Frühling wird. Kribbelt es im Schuh, meldet sein Fuß kühleres Wetter. Wird der folgende Tag feucht oder schwül, kündigt sich das in Onkel Rudolfs Magengrube an. Auch den Umschwung zu heißem Wetter spürt er.
Onkel Rudolf fragt schon lange nicht mehr nach den Ursachen für sein merkwürdiges Talent. Er hütet sich auch zu klagen. Es bereitet ihm sogar Vergnügen, in seinen Wettervorhersagen genauer zu sein als die Ansager aus dem Fernsehen.
Wie würde sich eine Wettervorhersage von ihm wohl anhören? „Liebe Zuschauer, ich spüre im Knie ..."

Lange Vokale **75**

35 Schreibe das Übungsdiktat „Wettervorhersage" auf und kontrolliere.

Hast du Lust den Text fortzusetzen?

36 Ordne nun alle Wörter in die Tabelle aus Übung 1 ein, die du in den Übungen 30 bis 34 falsch geschrieben hast – oder die dir schwierig vorkommen.

Unterscheidung von ie – i – ih

37 In den meisten Wörtern wird das lang gesprochene i ie geschrieben.

Tommi hat 10 Wörter mit ie zerschnippelt, um daraus ein Puzzle zu bauen. Nun kriegt er aber die Teile nicht mehr zusammen. Schaffst du es?

Lösungswörter:

_____
_____
_____
_____
_____
_____
_____
_____
_____
_____

verl, Z, L, Sch, R, I, ie, rzehn, fer, v, ren, St, G, bel, men, Kn, rde, d, ge, Fl, Rie, men

Lange Vokale

38 Viele Verben, die von Fremdwörtern abgeleitet sind, enden auf -ieren:

diktieren   rasieren   telefonieren   studieren

Suche zu dem Verb das passende Substantiv:
Beispiel: rasieren – Rasur

Hier ist das passende Verb zu suchen:

studieren: – _____
diktieren: – _____
telefonieren: – _____
frisieren: – _____
programmieren: – _____
reparieren: – _____
nummerieren: – _____

Probe: – _____
Kontrolle: – _____
Addition: – _____
Musik: – _____
Parfüm: – _____
Gratulation: – _____
Dirigent: – _____

39 Wörter, die nur ein einfaches langes i haben, gibt es natürlich auch – aber viel seltener. Als solche Ausnahmen merken wir uns (zunächst):

    mir   dir   wir   gib!

sowie Wörter fremden Ursprungs:

    Bibel   Biber   Liter   Tiger   Kilo

Präge dir ein!

Präge dir diese Wörter ein!

Kennst du noch weitere Wörter mit einfachem i?
(Du darfst auch das Wörterbuch benutzen.)

_____
_____
_____
_____
_____

Lange Vokale 77

ih kommt nur in wenigen Pronomen (Fürwörtern) vor, die mit „er", „sie" und „Sie" zusammenhängen:

er	sie	Sie
ihm	ihr	Ihnen
ihn	ihr (-e/-em/-en/-er/-es)	Ihr (-e/-em/-en/-er/-es)

Die folgenden Formen sollst du deklinieren (in die 4 Fälle setzen):

1. Nominativ: (wer?)	er	ihr Mann	ihre Katze	Ihr Angebot
2. Genitiv: (wessen?)	seiner	ihres Mannes	ihrer Katze	Ihres Angebots
3. Dativ: (wem?)	ihm	_____ Mann	_____ Katze	_____ Angebot
4. Akkusativ: (wen?)	ihn	_____ Mann	_____ Katze	_____ Angebot

Setze in die Lücken des folgenden Textes **i**, **ie** oder **ih** ein.

40

Ungeheuer der T___fsee

In der T___fe der Weltmeere g___bt es r___sengroße Welten zu stud___ren, d___ w___r n___mals zu sehen kr___gen, weil s___ weit unter der sp___gelnden Wasseroberfläche l___gen. In d___ser T___fe ruhen r___sige Gebirge, gegen d___ unsere Alpen noch n___drig sind. Dort gedeihen n___ Pflanzen. Auch d___ bekannten Fischarten stoßen selten in d___se Geb___te hinunter. Nur wenige T___re fühlen sich in der kargen und dunklen T___fsee

Lange Vokale

wohl. Zwei davon l___fern sich einen ewigen Kampf in ___rer Unterwasserwelt: ein R___senhai sow___ ein R___senkrake, der seine Fangarme mehrere Meter ausbreiten kann. ___re Körper können den Wasserdruck von v___len tausend K___lo aushalten. Verglichen mit d___sen Ungeheuern wirken die Raubfische in unseren Meeren beinahe n___dlich.

Welche Wörter mit i und ie willst du als Merkwörter in deine Tabelle aus Übung 1 aufnehmen?

Ordne sie ein: einfaches i in Spalte 1; ie in Spalte 4.

Kontrollübungen

41 Wir schauen jetzt zurück. Wird ein Vokal *lang* gesprochen, kann er geschrieben werden:
a) *ohne* besondere *Dehnungszeichen* (Beispiele: Tal, Schal, Qual; immer bei t-, sch-, qu-)
b) Mit *Dehnungs-h* (Beispiele: zahlen, zähmen, ahnen, fahren; vor l, m, n, r möglich)
c) mit *Vokalverdopplung* (Beispiele: Saal, Seele, Moos)
d) mit *ie* (Beispiele: Liebe, studieren)

Nimm die angelegte Liste mit langen Vokalen zur Hand und schreibe die Wörter heraus, die dir besonders schwierig erscheinen. Viele der Wörter aus dieser Tabelle sind in den kommenden Kontrollübungen enthalten.

Kontrollübungen zu a – ah – aa; ä – äh

42 Setze beim Abschreiben ein:

a/ah/aa: Untert*n - N*me - Qu*l - Kr*n - Gr*m - z*m - Kr*m - R*msoße - Zwillingsp*r - Kr*nich - Blauw*l - W*renlager - Vorn*me - S*men - Sand*le - Holzsp*n - Kunstm*ler

ä/äh: Geb*rde - Hobelsp*ne - Z*mung - R*mchen - n*mlich - sich gr*men - G*nanfall

Lange Vokale

a/ah/aa:
- An der Lokomotive hängen zwanzig W*gen.
- Der Gr*f z*lte die Rechnung b*r.
- Herr Mops brachte 150 Kilo auf die W*ge und hatte ein w*rhaft schweres Schicks*l zu tr*gen.
- Der Verletzte wird auf einer Tr*ge zum Operationss*l gebracht.

Alles richtig?

Schau im Lösungsteil nach.

Wenn nicht, dann schreibe das entsprechende Wort in dein Heft und zeichne das Wortbild mit Kästchen daneben.

Beispiel: zahm

Schreibe den folgenden Text ab und setze an den markierten Stellen ein: a oder ah?

43

Wer war es?

Er w*r ein n*mhafter Künstler, *ber kein M*ler; er w*r zuerst *rm, dann durch seinen Erfolg sehr wohlh*bend, weil er ein großer Kinost*r wurde; mit sieben J*ren k*m er schon zu seinem Beruf; er spr*ch in den Filmen wenig, w*r schweigs*m und dennoch ein Liebling der Kinder, der D*men und ihrer Gem*le; er spielte immer die gleiche Figur: den *rmen Menschen, j* den Vers*ger, der auf jeder B*n*nensch*le ausrutscht; dennoch lachte man über ihn, wenn er mit seinen w*nsinnig großen Schuhen angel*tscht k*m, mit denen er flinke H*ken schl*gen konnte; ein w*rhaft traurig-komischer Held.

Sein Name: _____

Lange Vokale

44 Schreibe ab und ergänze:

a – ah – aa

- Der Knabe hat zw*r eine lange N*se, ist aber keineswegs n*seweis.
- Der w*re Meister erkennt das Gewicht ohne W*ge.
- Aus einem W*renhaus wurde Lachs und Räucher*l gestohlen.
- Im Bilderr*men hängt ein Bild meines Ur*nen.
- Sein Z*n schmerzt, wenn David Eis mit S*ne isst.
- Carmen schont nie ihren M*lkasten und verbraucht pl*nlos alle Farben.

ä – äh

- Im M*rchen sprechen die Brummb*ren, die Esel und die H*ne.
- Der Tiger ist *nlich gef*rlich wie der Löwe.
- Der Zirkusdirektor z*mte das Ungetüm von Nilpferd.
- Wenn der Bus nur pünktlich k*me!
- Auf diesem W*glein kann der Juwelier Gold wiegen.
- Alle g*nen, als w*ren sie müde.

Falsch geschriebene Wörter solltest du wie in Übung 42 (mit Umrisskästchen) üben.

Kontrollübungen zu e – eh – ee; i – ie – ih

45 Wir prüfen uns weiter. Schreibe ab und ergänze:

Nur nicht ins Schleudern kommen!

e – eh – ee

- In den Sommerf*rien machen wir es uns zu Hause bequ*m.
- Jürgen war glücklich über die aufmunternde R*de des L*rers.
- Im H*ringssalat f*lte etwas Salz.
- Johannisb*ren erg*ben eine prima Marmelade.
- In der l*ren Kaff*kanne kl*bt noch ein schwarzer, t*rähnlicher Bodensatz.
- Die L*rbücher für Informatik sind s*r beg*rt.
- Willst du den schw*ren Bierkrug in einem Zug l*ren?

i – ie – ih

- Wisst *r, dass es zu d*sen B*belstellen ganz moderne Kirchenl*der g*bt?
- Den alten Besenst*l kann ich repar*ren.
- B*ber leben in Bächen und Flüssen.

Lange Vokale

Kontrollübungen zu o – oh – oo; ö – öh

46

Schreibe ab und setze o, oh oder oo ein:

- Man hat im Meer nach Öl geb*rt.
- So eine freche Pers*n!
- Wegen seiner Farbe heißt der Schokokuss auch „M*renkopf".
- Dorothea wurde am ersten Okt*ber geb*ren.
- Oliver ist der S*n von *laf.
- Sch*n immer war es verb*ten, das M*r zu betreten.

Die zu ratende Pers*n wurde in P*len geb*ren, als S*n, nicht als Tochter; s* war es ihr möglich, eine Art Past*r zu werden. Sie ging nach R*m, w* sie viele Jahre w*nte, bev*r sie auf einen Thr*n kam. Dort zeigt sie sich mit einer Kr*ne, *ne aber ein König zu sein.

Der Name: _____

47

Setze beim Abschreiben ein:

o – oh – oo

- Der Spi*n war fr* die verb*tene Z*ne hinter sich gelassen zu haben.
- Die Eltern haben verb*ten sich dem sumpfigen M*r zu nähern.
- Der Königss*n war ein Narr und T*r, denn er verschmähte die Kr*ne.
- Niemand wird zum Pil*ten geb*ren.
- Bei einer Erkältung wird empf*len wegen der n*twendigen Vitamine viel *rangensaft zu trinken.

ö – öh

K*nigin Kleopatra war bet*rend sch*n. So wollten zwei r*mische Herrscher diese gekr*nte Frau verw*nen. Sie lebte in einem außergew*nlichen Luxus, bis sie durch einen Schlangenbiss get*tet wurde. Es mag uns tr*sten, dass wir heute zwar weniger pomp*s leben, dafür aber fr*licher und länger.

Kontrollübungen zu u – uh; ü – üh

48 Schreibe ab und ergänze:

u – uh

- Wer in der Sch*le immer n*r st*r paukte, erf*r nicht das Wesentliche.
- Man kann mit dem R*derboot auf der Ruhr schn*rgerade in den Rhein gelangen.
- Das Häschen in der Gr*be fragt das Suppenh*n: „Hat der Osterhase hier gen*g zu t*n?"
- Die p*rp*rfarbene Bl*me w*chs in einer Sandk*le ohne eine Sp*r von Wasser.
- Für g*te M*sik erntet mancher Komponist zwar R*m, aber wenig Geld.
- Mein *rgroßvater kaufte seine *ren beim *rmacher Lehmann, wo heute ein Sch*geschäft ist.

ü – üh

- Es gr*nt so gr*n, wenn Spaniens Bl*ten blühen.
- Der Kranke sp*rte bei schw*lem Wetter sein Knie.
- Wild und ungest*m f*rte sich der Elefant hinter der Zirkusb*ne auf.
- Wir finden es r*rend, wie ihr f*r die alte Dame gesorgt habt.

Kontrollübungen zu langen Vokalen (vermischt)

49 Obwohl die folgenden Wörter beinahe gleich lauten, haben sie verschiedene Wortstämme:

Zu mir *her*!	↔	das H e e r	
der *Wagen*	↔	die ☐☐☐☐	(= Gewichtsmesser)
der *Mohr*	↔	das ☐☐☐☐	(= Sumpf)
die *Rede*	↔	die ☐☐☐☐	(Schiff)
leeren	↔	☐☐☐☐☐	(= beibringen)
mehr	↔	das ☐☐☐☐	(= die See)
seelisch	↔	☐☐☐☐☐	(= glücklich)

Lange Vokale   **83**

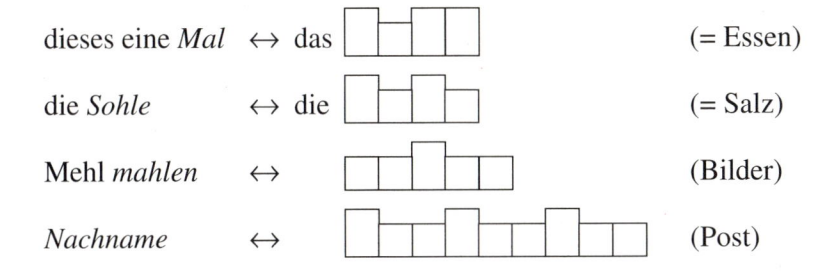

dieses eine *Mal*	↔	das ☐☐☐	(= Essen)
die *Sohle*	↔	die ☐☐☐	(= Salz)
Mehl *mahlen*	↔	☐☐☐☐	(Bilder)
Nachname	↔	☐☐☐☐☐☐	(Post)

Hier bekommst du ein Prüfungsdiktat. Du kannst es dir aufs Tonband sprechen und abspielen lassen oder jemanden suchen, der es dir nun diktiert.

50

Königin der Tiere

Unter den Tieren des Urwaldes war ein großer Streit entstanden, wer von ihnen der wahrhaft Mächtigste sei, wem also die Krone gebühre und daher von den Untertanen Ehrfurcht entgegengebracht werden müsse.
Zunächst meldete sich die Riesenschlange. Ihr wäre niemand gewachsen, denn sie sei lautlos und gefährlich, habe bedrohliche Kräfte, schöne Augen und einen Giftzahn.
Der Affe nannte alle Tiere Dummköpfe. Nur er sehe dem Menschen ähnlich, könne Bananen schälen, sich an Ästen emporschwingen und wie ein Hase Haken schlagen. Der Löwe, der sich dies dösend und gähnend angehört hatte, verlor seinen Gleichmut und erklärte dem Affen, er ließe sich diesen Ton nicht bieten. Verspüre wer Lust auf seine Beißzähne? 
Da sprach die Urwaldfliege, sie allein sei unbesiegbar. Ob im Moor, auf dem See, in der Luft – niemand könne sie kriegen. Dabei flog sie dem Löwen direkt ins Ohr, sodass dieser gequält jaulte.

Für dieses schwierige Diktat gibt es auch zwei Pyramiden.

Kurze Vokale

vor Doppelkonsonanten

1 Tina macht es Spaß, Märchen selbst umzuschreiben und zu verändern. Hier entsteht gerade „Zornröschen".

Zornröschen

Es war einmal ein Prinz, der lebte in einer ärmlichen Hütte in einem Wald, wo Riesen und Hasen hausten. Als Herr über tausend Flöhe besann er sich seiner Macht und badete sieben Tage lang in einem Trog, der sieben mal sieben Hafen Wasser fasste. Als er mit seiner Tapferkeit auch den letzten Floh bezwungen hatte, fiel er in einen rettenden Schlaf, aus dem er als hellgrüner, stolzer Frosch erwachte. Ergriffen dankte er dem Himmel für das herrliche Schicksal, sattelte seinen Rappen und zog still vergnügt zum verwunschenen Schloss der Prinzessin Zornröschen. Dieses konnte der Frosch kaum erkennen, so verworren war das Gestrüpp der Ranken und Blätter, das das Schloss seit hundert Jahren umschlossen hielt. Unser tapferer Frosch sprang von Ast zu Ästchen, teilte mit gewaltigem Arme die Ranken und drang in den Turm ein. Dort hüpfte er die Treppe hinauf und überwand die Schwelle zu Zornröschens Spinnstübchen. Starr saß sie auf ihrem Schemelchen vor dem Spinnrad, versonnen blickend, seit hundert Jahren auf ihre Erlösung wartend. Mit einem innigen Kuss erweckte der Frosch Zornröschen. Dieses erwachte, ein tiefes Rot kehrte in ihr bleiches Antlitz zurück – und gellend erklang die Stimme Zornrösleins: „Verdammt! Schon wieder *du*! Wie oft soll ich dich denn noch gegen die Wand werfen!"
Und wenn sie nicht gestorben sind …

Kurze Vokale **85**

Die langen Vokale brauchst du nicht zu berücksichtigen. Sieh dir die mit einem Punkt versehenen kurzen Vokale an und ordne die Wörter nach zwei Gesichtspunkten:

Doppelkonsonant nach kurzem, betontem Vokal	Verschiedene Konsonanten nach kurzem, betontem Vokal
Hütte, _____	Prinz, _____
_____	_____
_____	_____
_____	_____
_____	_____

Den Unterschied zwischen langen und kurzen Vokalen kann man hören. Du musst die Vokallänge aber deutlich sprechen! Lies wieder laut:

lang	kurz		lang	kurz
der Schal	– der Schall		der Hehler	– heller (als)
die Wiesen	– das Wissen		raten	– die Ratten
der Riese	– die Risse		wen?	– wenn
das Wohnen	– die Wonnen		der Star	– starr
die Aale	– alle		die Gase	– die Gasse

An dem Unterschied „Schal" ↔ „Schall" wird dir klar, wie die Schreibweise der Konsonanten davon abhängt, ob der vorangehende Vokal kurz oder lang ist.
Was haben alle diese Konsonanten (ll – ss – nn – gg ...) gemeinsam?

(*Es sind zwei gleiche Konsonanten: Doppelkonsonanten.*)

Lies ebenfalls laut eine zweite Gruppe:

lang	kurz		lang	kurz
gären	– die Gärten		schüren	– die Schürze
das Wohl	– die Wolke		kahl	– das Kalb
wir	– der Wirt		die Schere	– die Scherbe
vor	– fort		die Fee	– das Fenster
der Tran	– der Trank		hohl	– das Holz
die Waren	– warten		der Schal	– der Schalter

2

Kurze Vokale

Hier findest du nach dem kurzen Vokal keine Konsonantenverdopplung, sondern was? (Sch**a**l ↔ Sch**a**lter; F**ee** ↔ F**e**nster)

(Eine Häufung von *verschiedenen* Konsonanten.)

Du siehst also:
Nach einem *kurzen Vokal* folgen entweder *Doppelkonsonanten* (ll, mm ...) oder *mehrere verschiedene Konsonanten* (lt, rk, nsch ...).

3 Du sollst nun Begriffe raten. Die linke Seite (mit langen Vokalen) wird dir vorgegeben, die rechte (mit kurzen Vokalen) wird gesucht:

mit *langem* Vokal	mit *kurzem* Vokal	mit *langem* Vokal	mit *kurzem* Vokal
der Schal	der Schall	die Saat	s_____
die Höhle	die _____	schief	das _____
lahm	das _____	die Bahren	der _____
das Heer	der _____	dem Sohne	die _____
der Wal	der _____	die Robe	die _____
die Hüte	die _____	der Staat	die _____
die Hasen	das _____	die Rose	die _____

4 Für manche Wörter kannst du zahlreiche Reime finden. Was reimt sich auf „Gatte"?

_____
_____
_____
_____

Kurze Vokale — 87

Wenn du den fehlenden Vokal errätst, findest du 11 Reimwörter mit Doppel-p. Schreibe sie auf.

Kl, Kr, S, R, w, t, k, Gr, L, Str, n → ...ppen

_____
_____
_____
_____
_____
_____
_____

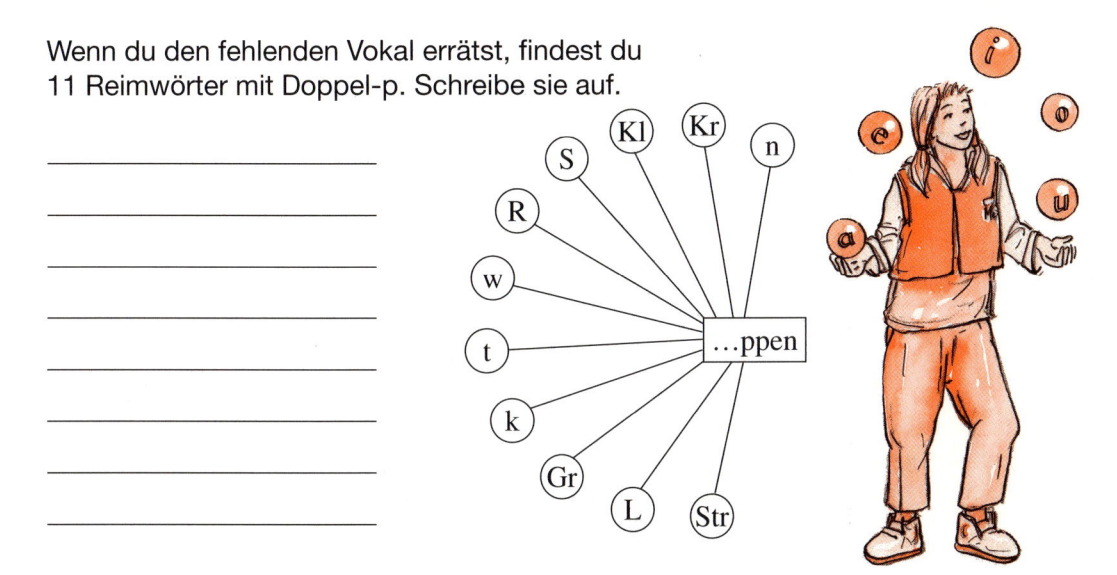

5 Ausgerechnet die wichtigsten Konsonanten sind weg. Findest du sie, erschließen sich dir ganz schnell 10 Reimwörter:

St, Z, F, W, Ges / Sch, Schw, Qu, For, Gest → e...…...e

_____
_____
_____
_____
_____
_____

Kannst du ein kleines Gedicht mit diesen Reimwörtern schreiben?

6 Gesucht wird ...

			R	R	E	N	1. Turngerät
			R	R	E	N	2. warten
		R	R	E	N		3. kratzen
			R	R	E	N	4. Geräusch
	R	R	E	N			5. Tabakerzeugnis
			R	R	E	N	6. gucken
		R	R	E	N		7. Musikinstrumente

Kurze Vokale

Gesucht werden fünf Reimwörter auf „schaffen":

_____

_____

_____

_____

7 Erinnerst du dich noch an den „Wortstamm" mit seinen Zweigen („Ableitungen")? Alles, was zu solch einem Stamm gehört, nennt man *„Wortfamilie"*.
In dem äußeren Feld stehen Glieder einer solchen Wortfamilie. Wie heißt hier das dazugehörige Grundwort (inneres Feld)? Es ist ein Verb, mit dem alle diese Wörter verwandt sind.

Bekanntschaft	Kennwort	Erkenntnis
gekannt		verkannt
Bekennerbrief		Erkennungsmelodie

Du siehst, wie die Konsonantenverdopplung nach dem kurzen Vokal in *allen* Ableitungen erhalten bleibt.

8 Schreibe möglichst viele verschiedene Wörter auf, die als Ableitungen in die Wortfamilie „fallen" gehören!

_____

_____

_____| fallen |_____

_____

_____

Kurze Vokale 89

9

In den folgenden Sätzen werden Wörter gesucht, die alle einen kurzen Vokal (a̱, e̱, i̱, o̱, u̱) vor dem Doppelkonsonanten pp zeigen:

- Anna hat eine starke Erkältung, eine G_____.
- Alexander hat sich eine R_____ gebrochen.
- Die kleine Charlotte spielt mit ihrer P_____.
- Simon darf nicht beißen, er muss S_____ löffeln.
- Maria und Laura schaukeln auf einer W_____.
- Ich gebe dir einen guten Rat, einen T_____.
- Sepp ist traurig, sein Name reimt sich auf D_____.
- Der Bummelzug macht an jedem Bahnhof einen S_____.
- Katharina nimmt zum Abstauben einen M_____.
- Marcos Blätter und Hefte stecken in einer M_____.
- Florian trägt eine Clownnase aus P_____.
- Tobias beißt sich vor Wut auf die L_____.
- Diana feiert Hochzeit und es kommt ihre ganze S_____.
- Zahlt an der Kasse zusammen, dann geltet ihr als G_____!

Unterscheidung von tz/z und ck/k

10

Die Laute k und z werden in Wörtern aus der deutschen Sprache nicht verdoppelt. Nach einem kurzen Vokal stehen ck und tz, nach einem langen Vokal z und k.

$$\begin{array}{ccc} \text{Hi tz e} & \leftrightarrow & \text{h ei z en} \\ \text{Ha ck e} & \leftrightarrow & \text{H a k en} \\ \uparrow & & \uparrow \\ \text{kurz} & & \text{lang} \end{array}$$

Vorschriften

In unserem Land wird vieles genau durch Gesetze geregelt. Oft bezweifelt man den Wert dieser entsetzlichen Flut von Vorschriften. Man unterschätzt dabei aber den Nutzen, der den Menschen zugute kommt.

Kurze Vokale

Durch besonders viele Verordnungen ist zum Beispiel die Lebensmittelherstellung geschützt. Das ist durchaus sinnvoll. Denn der Kunde will Sicherheit, dass der Bissen oder Schluck in seinem Mund ihn nicht mit einer Krankheit ansteckt. So ist die Frage der Sauberkeit zum Beispiel beim Bäcker oder Metzger gesetzlich geregelt. Schmutzige oder fleckige Unterlagen würden die Backwaren gegenüber Schimmelpilz anfällig machen. Frisch gebackenes Brot kommt nicht in Folienverpackung, in der es schwitzen würde, sondern in Körbe oder auf Leinendeckchen. Die Knackwürstchen, Grützwürste, Speckstücke oder Schnitzel liegen in der Metzgerei auf sauberen Edelstahlplatten. Glasscheiben schützen die Thekenauslage gegen Schmutz. Das Bedienungspersonal trägt Schürzen, Mützen oder Haarnetze und vermeidet es, die Ware mit den Händen zu berühren. Manchmal wünscht man sich sogar noch strengere Vorschriften, wenn eine Verkäuferin Geld anfasst und dann mit diesen Händen die Brötchen für den nächsten Kunden in die Tüte steckt.

Das schaffst du!

Findest du in der Geschichte alle Wörter mit tz und ck?
Schreibe sie in zwei Spalten auf!

mit tz	mit ck

Kurze Vokale

11

Finde hier den passenden Vokal.
Denke daran: Vor tz kann nur ein *kurzer* Vokal stehen.

- der Bl__tz, der in den Turm einschlägt
- die Gl__tze auf Opas Kopf
- das N__tz des Fischers
- die Spr__tze, die etwas piekst
- der Sch__tze, der gut trifft
- die T__tze des Bären
- die R__tze, durch die es rieselt
- die St__tze, die alles trägt
- die Sp__tze, die scharf ist

Was ist, wenn der Vokal vor dem Z-Laut lang ist?

Dann kann nur ein einfaches z stehen.

Richtig. Nach *langen* Vokalen und Zwielauten (au, äu, ei, eu sind immer lang!) kann nur z stehen:

Schn**au**ze – K**äu**zchen – H**ei**zer – Kr**eu**ze

Prüfe also die Länge des Vokals und setze dann ein tz oder z ein:

- Unser Haus bietet eine rei_____ende Aussicht, aber es besi_____t keine Garage.
- Es hat eine Gashei_____ung, aber keinen Sonnenschu_____.
- Das Haus unseres Nachbarn hat kreu_____förmige Fenstersprossen und wirkt etwas pro_____ig.
- Das Haus daneben hat ein Du_____end Zimmer, aber ungepu_____te Mauerri_____en.

Kurze Vokale

12 Nach langem Vokal folgt ein z, aber nach kurzem Vokal ein tz.
Schreib nun bitte ab und setze ein: z oder tz?

Der Erbonkel

Mein Erbonkel, der alte Gei*hals, ist so gei*ig, dass er im Winter die Hei*ung abstellt um Kosten zu sparen. Dann si*t er mit Wintermantel und Pudelmü*e im Bett und knabbert Wei*enbrot. Beim Spa*iergang am le*ten Sonntag schimpfte er über Energieverschwendung, weil die Ampeln an den Kreu*ungen in alle vier Richtungen leuchteten! Kür*lich musste er aus dem Kühlschrank gerettet werden, mit entse*lichen Erfrierungen. Er hatte überprüfen wollen, ob die Kühlschrankbeleuchtung beim Schließen völlig erlischt! So trie*t er mit seinem Gei* alle Verwandten, schimpft über alle „Verschwender", schnau*t grundlos Nachbarn an, die dann gerei*t auf sein Erscheinen reagieren. Der alte Kau* wird mir später höchstens seine Matra*e vererben!

13 Bei k und ck verhält es sich genauso:
Nach *langem* Vokal kann nur ein einfaches k stehen: Haken
Nach *kurzem* Vokal kann nur ck stehen: Hacke

Welcher Vokal fehlt hier?

die B__cke (Wange)

der B__ck (gehörntes Tier)

der Br__cken (Klumpen)

der D__ckel (Hunderasse)

die F__ckel (tragbares Feuer)

die M__cke (stechendes Insekt)

der St__ck (Holzstab)

Welcher K-Laut fehlt hier?

der Ste____er des Radios

der A____er des Bauern

der De____el des Topfes

das Glü____ des Tüchtigen

die Lo____e im Haar

der Sa____ voll Kartoffeln

der Pi____el auf der Nase

Kurze Vokale **93**

k und z nach Konsonanten

14

Wenn vor k(ck) und z(tz) keine Vokale stehen, sondern *Konsonanten*, kann nur ein einfaches k oder z folgen; ck und tz stehen nämlich nur nach kurzen Vokalen.

Schau selbst:

Walze – Wanze – Warze: hinter l, n, r steht *kein* tz

Balken – Imker – Tanker – Marke: hinter l, m, n, r steht *kein* ck

Setze hier ein. Passt z oder tz?

Pel__mantel   Schmer__tablette   Gren__zaun   Mal__bier

Tan__musik   Glan__papier   Märchenprin__   Gänseschmal__

Was muss hier wohl eingesetzt werden?

Briefmar__en   Gewürzgur__en   Gartenhar__e   Turmfal__e

Dachbal__en   Nel__en   Schiffsan__er   Hen__eltopf

Nach l, m, n und r, das merke ja, steht nie tz und nie ck!

Deshalb gibt es heute bei mir Salzgurken!

Kurze Vokale

Wiederholung tz/z und ck/k

15 Hier kannst du zeigen, was du gelernt hast. Schreibe die Sätze ab und trage die fehlenden Buchstaben ein.

- Bevor man mit Fieber und Gliederschmer*en zum Ar*t geht, sollte man die heilenden Hausmittel ausprobieren: Schwi*kuren und Wadenwickel mit Sal*wasser.
- Pel*tierzüchter schä*en den Ner*. Bei diesem wird auch das Schwan*fell genu*t.
- Wenn ich mit meinem Scha* tan*e, spüre ich keine Zahnschmer*en mehr, weil er mir immer wie eine Dampfwal*e auf den Zehen steht.
- Im Mär* hat Otto einen Stur*sprung ins Schwimmbecken gemacht; kur*e Zeit später wurde dann das Wasser eingelassen!

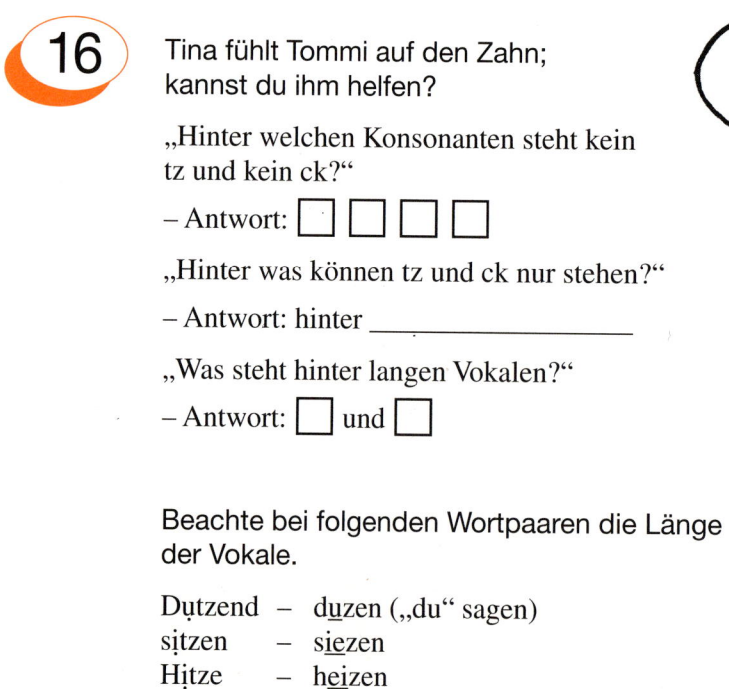

16 Tina fühlt Tommi auf den Zahn; kannst du ihm helfen?

„Hinter welchen Konsonanten steht kein tz und kein ck?"

– Antwort: ☐ ☐ ☐ ☐

„Hinter was können tz und ck nur stehen?"

– Antwort: hinter _____

„Was steht hinter langen Vokalen?"

– Antwort: ☐ und ☐

Beachte bei folgenden Wortpaaren die Länge der Vokale.

Du̱tzend   –   du̅zen („du" sagen)
si̱tzen   –   si̅ezen
Hi̱tze   –   hei̅zen
Spa̱tz   –   spa̅zieren

Bilde mit diesen acht Wörtern Sätze.

Kurze Vokale **95**

17

Wiederhole, wo tz und ck stehen und wo das einfache z und k.

Setze k oder ck beim Abschreiben ein:

Mein mondsüchtiger Onkel Dirk

Seit Jahren lebt Onkel Dir* mit seiner schi*salhaften Erkran*ung. Wenn der Vollmond durch die Wol*en bricht, richtet sich mein On*el schlaftrun*en auf und geht, ohne zu sto*en, im Nachthemd aus dem Haus. Traumwandlerisch entde*t er den kürzesten Weg zum Par*. Obwohl er sonst mer*lich hin*t und tollpatschig wir*t, ist er in diesem Zustand gelen*ig wie eine schlan*e Ran*e. Mit unfasslicher Stär*e hangelt er sich am Astwer* empor, nutzt auch den Halt an den bor*igen Rinden der Kor*eichen dazu, seinem schre*lichen Ziel näher zu kommen: dem Mond! Gott sei Dan*, es ist ihm glü*licherweise noch nie etwas passiert. Wenn er vom Baum stürzen oder verunglü*en würde – was sollte er im Kran*enhaus erzählen?

18

Heute darfst du etwas knobeln!
Angenommen, du bekommst die Wortendung -nken, dann kannst du daraus bilden:
wi<u>nken</u> – Schi<u>nken</u> – wa<u>nken</u> – Ba<u>nken</u> – U<u>nken</u> – hi<u>nken</u> …

Probiere dasselbe mit -<u>rken</u>!

_____

_____

Hier fehlen Zwielaute; welche sind es? Trage sie in das Innere des Sterns ein und bilde möglichst viele Wörter.

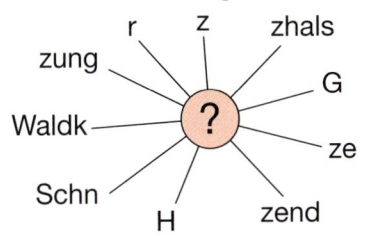

    r   z   zhals
zung \ | /
          — G
Waldk— (?)
          — ze
Schn / | \
    H   zend

_____
_____
_____
_____
_____

Was reimt sich auf „Satz"?

- ein kleiner Vogel: _____
- man gräbt ihn aus: _____
- im Schulbus ist er kaum vorhanden: _____
- manche Hose hat ihn: _____

Kurze Vokale

19 Suche zu den folgenden Verben je ein Substantiv/Nomen:

backen: Bäcker   schlitzen: _____
drucken: _____   schätzen: _____
blinken: _____   schwatzen: _____
blicken: _____   verletzen: _____
hocken: _____   geizen: _____
rücken: _____   schnäuzen: _____

Findest du hier die Verben?

Kalk: _____   Scherz: _____
Ulk: _____   Sturz: _____
Dank: _____   Glanz: _____
Funk: _____   Pflanze: _____
Park: _____   Walze: _____
Stärke: _____   Salz: _____

fehlende Konsonantenverdopplung bei einsilbigen Wörtern

20 Nach unseren Regeln folgt auf einen kurzen Vokal entweder ein *Doppelkonsonant* (S<u>u</u>mmen) oder *verschiedene Konsonanten* (Pl<u>u</u>mpsen).

Du kannst dich also auf das Hören der Vokallänge stützen. Bei wenigen Wörtern funktioniert diese Hörregel nicht. Es sind kurze, einsilbige Wörter. Bei diesen wenigen folgt auf einen kurzen Vokal kein Doppelkonsonant, sondern nur ein einfacher Konsonant:

um   (aber: S<u>u</u>mmen)   mit   (aber: Mi<u>t</u>te)
in   (aber: Spi<u>n</u>ne)   von   (aber: Wo<u>n</u>ne)
an   (aber: Ka<u>n</u>ne)   es   (aber: <u>E</u>ssen)
hat (aber: ha<u>t</u>te)   hin   (aber: von hi<u>n</u>nen)
bis (aber: Bi<u>s</u>sen)   man   (aber: Mä<u>n</u>ner)

Kurze Vokale

Diese genannten 10 Wörter kommen so häufig vor, dass man sie schon oft richtig geschrieben gesehen hat.

Der einfache Konsonant trotz kurzem Vokal bleibt diesen Wörtern auch erhalten, wenn sie in *Zusammensetzungen* erscheinen:

dar + um	da + mit	dar + in	da + von	dar + an	da + hin
war + um	wo + mit	wor + in	wo + von	wor + an	wo + hin
her + um	hier + mit	hier + in	hier + von	hier + an	hier + hin

Die Wörter *in*, *an*, *von* können in bestimmten Fällen (Kasus) mit einem Artikel (Geschlechtswort) verschmelzen:

in + dem → im (Auto)	in + das → ins (Auto)
an + dem → am (Auto)	an + das → ans (Auto)
von + dem → vom (Auto)	

Auch in diesen Fällen findet nach dem kurzen Vokal keine Konsonantenverdopplung statt.

Setze die Wörter mit fehlender Konsonantenverdopplung ein:

- Du besitzt einen Schlüssel. War_____ bist du über den Balkon geklettert?
- Wo_____ verdient dieser Mensch sein Geld?
- Hier_____ ernennen wir dich zum Oberindianer.
- Er soll da_____ gehen, wo der Pfeffer wächst!
- Schuld _____ meinem Unglück war das Datum: es war Freitag, der 13.
- Glück _____ Spiel – Pech _____ der Liebe!
- Der Bär läuft _____ den Baum her_____ und fällt mit Brummen müde _____.
- Wir wollen stets dar_____ denken, dass viele Leute _____ Armut leben.
- _____ Ulm und _____ Ulm und _____ Ulm her_____ sind die Schwaben gar nicht stumm.
- _____ neun Uhr geht es ab _____ Bett.
- Der Vielfraß denkt immerzu _____ Essen.

man – der Mann

21 Das unpersönliche Fürwort (Pronomen) man darf nicht verwechselt werden mit dem Substantiv der Mann.

Zum Backen nehme man ... ↔ Der König ist der Mann der Königin.

unbestimmtes Pronomen, könnte auch eine Frau oder ein Kind sein

Substantiv: der Mann (Mensch mit männlichem Geschlecht)

Was musst du hier einsetzen: man oder Mann?

- ** weiß nie, was der nächste Tag bringt.
- Ein **, der Röcke trägt, feiert entweder Karneval oder ist ein Schotte.
- Wie ** sich bettet, so liegt **!
- Alle ** an Bord!
- Der weiße ** brachte für die Rothäute den Untergang.
- Mit siebzehn kann ** noch träumen.
- Wen ** mag, dem schenkt ** gern etwas.
- Die Raumstation war mit sieben ** besetzt.
- Die Lehrerin wurde von ihrem ** abgeholt.

weibliche Endung -in

22 Es gibt nicht nur das Verhältniswort (Präposition) „in", sondern auch die *weibliche Endung* -in: Freundin – Ärztin

Im Singular (Einzahl) entfällt eine Konsonantenverdopplung, obwohl ein kurzer Vokal vorausgeht.

Im Plural (Mehrzahl) wird dann die Hörregel wieder eingehalten, denn dem kurzen i folgt ein Doppelkonsonant:

Freundinnen – Ärztinnen

Kurze Vokale

Trage die fehlenden Wörter ein.

männlich	weibl. Singular	weibl. Plural
der Meister	die Meisterin	die Meisterinnen
der Lehrer		
der Löwe		
der Sänger		
der Chef		
der Schauspieler		
der Hund		
der Prinz		
der Bauer		
der Professor		

samt und zusammen

Briefmarkensammler

Seit Benjamin die Gesamtschule besucht, ist er weniger mit seinem Bruder Thomas zusammen. Benjamin erledigt die gesamten Hausaufgaben unter Aufsicht nachmittags in der Schule. Sämtliche Klassenkameraden sitzen wie er in einem Arbeitsraum. Thomas ist Briefmarkensammler und führt zusammen mit seinem Bruder in einem Sammleralbum alle Ersttagsbriefe. Auch das gesamte „Deutsche Reich" haben sie komplett. Einmal im Monat versammeln sich beide mit anderen Sammlerfreunden in Benjamins Zimmer und tauschen deutsche Marken samt DDR und Berlin. Heute ist Tauschabend. Hoffentlich kommt Benjamin pünktlich aus der Schule!

Schreibe diese Geschichte ab und unterstreiche alle Wörter der Wortfamilie „samt" einmal, die der Wortfamilie „sammeln" zweimal!

Merke dir: samt, gesamt, sämtlich mit *einem m*!

Kurze Vokale

wechselnde Vokallängen

24 Weißt du noch, was eine *Wortfamilie* ist?
Uns interessiert die Wortfamilie „kommen".

Notiere alle Ableitungen vom Stamm komm, die dir in drei Minuten einfallen!
Los geht's!

Schau dir jetzt die gefundenen Wörter an:
Sie alle werden wie der Wortstamm mit mm geschrieben. Warum?
Weil vor ihrem mm stets ein kurzer Vokal steht: ọ.

Vielleicht bist du aber auch auf die Präteritum-Form „kam" gestoßen.
Warum steht bei kam kein mm wie bei den anderen Ableitungen?

(Hier geht ein *langer* Vokal voraus!)

Du siehst: Wenn bei einer Ableitung der Vokal lang gesprochen wird, kann natürlich kein Doppelkonsonant mehr stehen bleiben.
Bei manchen Wörtern finden wir diese wechselnden Vokallängen.

Bilde drei Formen. Setze unter den kurzen Vokal einen Punkt, unter den langen einen Strich.

Infinitiv	3. Sg. Präsens	3. Sg. Präteritum	3. Sg. Perfekt
kommen	er kọmmt	er ka̅m	er ist gekọmmen
treffen	_____	_____	_____
fallen	_____	_____	_____

Kurze Vokale

25 Ein anderer Fall ist noch häufiger:
Ein langer Vokal (oder Zwielaut) wird im Präteritum *kurz*; dann muss ein Doppelkonsonant darauf folgen!

Setze die Tabelle fort:

reiten	sie reitet	sie ritt	sie ist geritten
leiden			
greifen			
kneifen			
pfeifen			
schreiten			
schleifen			
gleiten			
schneiden			

26 Bei ss und ß ist die Länge des vorherigen Vokals in der gleichen Weise bestimmend:

das Schloss (kurzer Vokal: → ss); der Schoß (langer Vokal: → ß)

Gut aufpassen!

Bei den Zeitformen der Verben mit zischendem S-Laut ändert sich oft die Vokal-Länge und damit die Schreibung (ss – ß):

essen	er isst	er aß	er hat gegessen
gießen	es gießt	es _____	es hat _____
messen	er _____	er _____	er hat _____
wissen	er _____	er _____	er hat _____
fließen	es _____	es _____	es ist _____
lassen	er _____	er _____	er hat _____
vergessen	ich _____	ich _____	ich habe _____
beißen	sie _____	sie _____	sie hat _____
schießen	ihr _____	ihr _____	ihr habt _____

Kurze Vokale

Kontrollübung zu k und ck

27 Gesucht werden zwölf Substantive/Nomen mit zwei Sprechsilben. Achte auf die Vokallänge der Anfangssilbe! Muss k oder ck folgen?

ke – Fal – Tür – ken – ke – Ha – He – ke – Flan – cke – cke – cker – Stü – Im – A – Ste – ke – cker – Gur – ker – ckel – De – cke – Re –

_____

_____

_____

Kontrollübung zu z und tz

28 Hier suchst du zehn zusammengesetzte Substantive/Nomen mit je drei Bausteinen. Jedes Gesamtwort enthält z oder tz:

Kon – zent – Pro – zert – harfe – rechnung – zer – jammer – Kat – schüt – zen – Daten – zerin – glat – Ballett – Stirn – tän – ze – Nerven – zung – rei – her – Schokoladen – schnau – zen – ze – musik – Hunde – Wal – zer

_____

_____

_____

_____

_____

Kontrollübung zu fehlender Konsonantenverdopplung

29 Welche Konsonanten gehören in die Lücken?
Schreibe bitte ab.

(n/nn): Der Ma∗ sagt, ma∗ solle schweigen.
(s/ss): Bi∗ auf wenige Au∗nahmen sind Schlangenbi∗e gefährlich.
(m/mm): Die A∗e wird a∗ Sonntag das Kind u∗sorgen.
(s/ss): Bring dein Ki∗en, damit e∗ gewaschen wird!

Kurze Vokale 103

(m/mm): Er fährt mit Gebru∗ u∗ Ulm heru∗.
(n/nn): I∗ Hi∗blick auf eure A∗frage will ich i∗erhalb einer Woche antworten.
(t/tt): Sie li∗, da sie sich mi∗ dem Messer in den Finger geschni∗en ha∗e.
(n/nn): Die Chefi∗ suchte Französi∗en als Köchi∗en und eine flinke Serviereri∗.
(m/mm): Sä∗tliche Schüler und die gesa∗te Lehrerschaft ka∗en zur Pausenversa∗lung u∗ das Neueste zu hören.
(z/tz): Der gei∗ige Kau∗ nu∗te kür∗lich einen Freipla∗ aus.
(k/ck): Die dre∗ige Gartenhar∗e warf El∗e wir∗lich in die E∗e!

Prüfe nach, wie viele Felder
du ausfüllen darfst!

Kontrollübung zu vermischten Schwierigkeiten

Dieses Diktat hat's in sich! Lass es dir diktieren oder sprich es aufs Tonband, um es demnächst zu schreiben.

Familienkrach

Wenn man sich bei jungen Leuten so richtig unbeliebt machen will, muss man nur etwas gegen ihren Geschmack sagen. Ein Scherz über die Augenschminke, eine zu flinke Bemerkung über den neuesten Tanz, ein ulkiger Satz über den glitzernden Rock-Star – und schon schlägt ein Blitz ein!

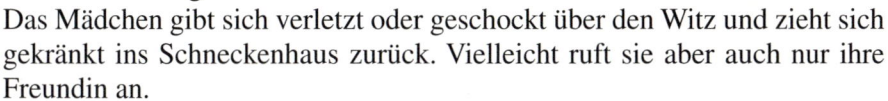

Ganz schön schwierig!

Das Mädchen gibt sich verletzt oder geschockt über den Witz und zieht sich gekränkt ins Schneckenhaus zurück. Vielleicht ruft sie aber auch nur ihre Freundin an.
Der Junge motzt stinksauer über seine Eltern, meckert noch ein Weilchen herum, zieht hinterrücks Fratzen und knallt zuletzt die Tür zu.
Die verdutzten Eltern kratzen sich am Kopf und fragen sich entsetzt, ob in anderen Familien aus winzigem Anlass ebenfalls die Fetzen fliegen. Vater und Mutter stecken die Köpfe zusammen und vereinbaren jetzt, jede Äußerung zu unterdrücken, die ihre Lieblinge reizen könnte.
Beim Abendessen sitzt man wieder ausgesöhnt um den gedeckten Tisch, redet und merkt, dass die anderen insgesamt doch nicht so schlimm sind.

Silbentrennung

1 Oft passt ein Wort nicht mehr in die Schreibzeile und dann muss es getrennt werden. – Aber *wo* darf man es trennen?
Dazu haben wir erst einmal eine grobe Anweisung:
Trenne nach *Sprechsilben*!
Die Sprechsilben findest du am einfachsten, wenn du ein Wort langsam sprichst und nun für jede Silbe in die Hände klatschst:

ab - la - den,   auf - ge - ben,   aus - boh - ren

Bei jedem dieser Wörter müsstest du dreimal geklatscht haben, weil jeweils drei Silben zu sprechen waren.

Sprich die Silben laut und klatsche für jede Silbe mit:

Bil - der - buch   da - von - lau - fen
drei - stim - mig   Deich - bau - haupt - mann
durch - rech - nen   Fas - ten - zeit
ent - fer - nen   Gang - schal - tungs - seil
A - ben - teu - er   E - sels - brü - cke

Finde beim Sprechen selbst die Trennungsstellen:

bieten   Kaiserkrone   Maulwurfshaufen
prüfen   Kohlenpott   Pinseltopf
rasten   Modehaus   Raufasertapete

Silbentrennung 105

Globus   Nachsilbe   Stadtbewohner
backen   Hinterhof   Schalltrichter
hinschieben   Autobahnbrücke
Hundeschnauze   Aberglaube

Schreibe die Silben folgender Wörter mit Trennungsstrichen (z.B.: Schall-trich-ter):
Strafbefehl – Tagebuchseite – Tausendfüßler – Umlaufbahn – Völkerball – Wassereimer

Frage für Durchblicker: Ist dir aufgefallen, mit welcher Art von Buchstaben (Vokal oder Konsonant?) es hinter dem Trennungszeichen weitergeht?

Wir wollen zuerst einige Wörter mündlich (mit Klatschen) trennen:

Scha	- fe	Hü	- te	steh	- len
(ich) schaf	- fe	Hüt	- te	stel	- len
bie	- ten	Fü	- ße	Tä	- ler
bit	- ten	Flüs	- se	Tel	- ler
zu	- cken	Bä	- cker	He	- cke

Was fällt dir auf? Was passiert bei der Silbentrennung mit den Doppelkonsonanten (ff – ll – ss – tt ...)? Was passiert mit ck?

Diese Wörter sollen getrennt werden:

Robbe: _____   Hammer: _____   Trottel: _____

knabbern: _____   kommen: _____   Watte: _____

Paddel: _____   Kanne: _____   Bretter: _____

Pudding: _____   Kammer: _____   Pizza: _____

Affe: _____   Klappe: _____   rücken: _____

gaffen: _____   kippen: _____   backen: _____

Bagger: _____   Karre: _____   zücken: _____

Dogge: _____   klirren: _____   Wecker: _____

fallen: _____   Wasser: _____   Hocker: _____

Pille: _____   müssen: _____   wackeln: _____

Silbentrennung

Du hast erkennen können:
Wenn du ein Wort in Silben trennst, soll die neue Zeile (nach dem Trennungszeichen) mit einem *Konsonanten* beginnen! (Scha-fe, Tä-ler)
Auch Doppelkonsonanten werden so zerlegt, dass ein *Konsonant* die neue Zeile einleitet (Kan-ne, Was-ser).
Wörter mit ck werden vor dem ck getrennt (Bä-cker).

> Mein Tipp:
> Wenn ich ein Wort in Silben teile, beginnt ein Konsonant die Zeile!

Tinas Regel bleibt auch gültig, wenn die erste Silbe nur aus einem Vokal besteht.

Trenne:

Abend: _____   Elefant: _____

Ofen: _____   Apotheke: _____

Ufer: _____   Igel: _____

Großschreibung

Substantive/Nomen

Tommi hat auf seiner alten Schreibmaschine für Tina einen Witz aufgeschrieben. Leider klemmen zwei Tasten: für die Großbuchstaben und für den „Punkt".

der revolverheld django

mit einem langen ledermantel, einem tief in das gesicht gezogenen cowboyhut und klirrenden sporenstiefeln steigt django in die straßenbahn er blickt dort in die runde erschreckt fahren die leute zusammen auch dem schaffner ist es sehr unwohl dennoch gibt er sich einen ruck und bittet django sehr höflich um das fahrgeld dieser mustert den schaffner finster: „django zahlt heute nicht!" der straßenbahnschaffner zittert vor ohnmacht und wut, getraut sich aber nichts einzuwenden
am nächsten tag dasselbe spiel: „django zahlt heute nicht!" nach drei weiteren tagen ist der schaffner völlig am ende mit dem mut der verzweiflung fragt er: „aber warum zahlt django denn nicht?" django schlägt seinen mantel zurück – der revolverknauf blinkt – ein durchdringender blick – dann öffnet sich sein mund: „django zahlt nicht!" django zieht lässig eine monatskarte aus der tasche

Schreibe den Text ab und verbessere ihn:
1) Schreibe Satzanfänge und den Beginn der wörtlichen Rede *groß*.
2) Schreibe alle Substantive/Nomen *groß*.
3) Setze die fehlenden Punkte am Satzende ein.

Großschreibung

2 Mit der Großschreibung von Substantiven ist es gar nicht so kompliziert. Man kann sich eine Grundregel merken:

Präge dir ein!

> Großgeschrieben werden Wörter,
> vor die man einen Artikel setzen kann.

Du kennst die *bestimmten* Artikel: der, die, das
und die *unbestimmten* Artikel: ein, eine, ein

Singular (Einzahl)			Plural
männl.	weibl.	sächl.	männl./weibl./sächl.
der Mann	die Frau	das Kind →	die Leute
ein Hund	eine Katze	ein Huhn →	die Haustiere
der Stuhl	die Lampe	das Sofa →	die Möbel
ein Glaube	eine Vermutung	ein Gefühl →	die Gedanken
Bus	Bahn	Auto →	Fahrzeuge

Zu diesen Wörtern gehört immer ein Artikel (Geschlechtswort) oder er kann in Gedanken dazugesetzt werden – wie in der letzten Zeile:

(der) Bus   (die) Bahn   (das) Auto   (die) Fahrzeuge

Bitte gut merken! Auch andere Wortarten, die sonst kleingeschrieben werden, können *in Substantive verwandelt* werden, wenn man ihnen einen Artikel gibt:

Adjektiv		Artikel + neues Substantiv
schön	→	das Schöne

Verb		Artikel + neues Substantiv
wandern	→	das Wandern

In den folgenden Übungen befassen wir uns mit Verben, die einen Artikel bekommen, damit wie ein Substantiv/Nomen verwendet werden und deshalb mit einem Großbuchstaben beginnen. Wir nennen sie:

substantivierte Verben

Lies die Gegensatzpaare bitte laut – und achte auf den Unterschied:

Meine Eltern <u>w</u>andern gern.   – Das <u>W</u>andern ist des Müllers Lust.
Du kannst <u>s</u>chreiben und <u>l</u>esen.   – Das <u>S</u>chreiben und das <u>L</u>esen lerne ich.

Großschreibung

Ihr dürft das Haus nicht betreten! – Das Betreten ist verboten!
Es ist schädlich zu rauchen.   – Hier ist Rauchen untersagt.

Auf der rechten Seite wird ein Verb jeweils durch einen dazugehörigen Artikel substantiviert (in ein Substantiv/Nomen verwandelt).
Auch im letzten Satz! Denn den fehlenden Artikel kannst du ohne Sinnveränderung dazusetzen: Hier ist *das* Rauchen untersagt.

substantivierte Verben

In dieser Geschichte fehlen einige substantiverte Verben, die du beim Abschreiben einfügen sollst:
Denken – Verdursten – Gehen – Flimmern – Bemühen

Die Grausamkeit der Wüste

Ein Mann irrt in der Wüste umher. Das ** schmerzt ihn, denn er läuft barfuß. Das ** des Mannes kreist immer nur um das eine Wort: „Wasser!"
Nach drei Tagen im Wüstensand erspäht er am Horizont ein **, das zu einem Punkt anwächst und allmählich näher kommt. Schließlich steht ein Mann mit Bauchladen vor dem Dürstenden und möchte ihm eine Krawatte verkaufen. „Zum Teufel mit dir! Ich will Wasser! Wasser!", verscheucht er den Händler. Dem ** nahe, erkennt er endlich am Horizont eine Oase. Mit unendlichem **, am Boden kriechend, erreicht er zuletzt ein wunderschönes Restaurant. „Wasser! Wasser!", röchelt er dem Kellner zu. „Kein Problem", meint der Kellner, „aber ohne Krawatte kommen Sie hier nicht herein!"

Eines der substantivierten Verben steht mit einem unbestimmten Artikel.

Welches? _____ Ein anderes steht mit seinem

Artikel im Dativ (Wem?-Fall): _____ Wo muss der

fehlende Artikel in Gedanken ergänzt werden?: _____

Großschreibung

4 Substantive/Nomen können – wie du vielleicht weißt – mit ihrem Artikel in *vier Kasus* (Fälle) gesetzt werden: die vier Fälle der Einzahl (Singular) oder der Mehrzahl (Plural).

	Singular	**Plural**
1. <u>Wer</u>-Fall: (Nominativ)	<u>Das</u> Kind singt. <u>Ein</u> Kind singt.	<u>Die</u> Kinder singen.
2. <u>Wessen</u>-Fall: (Genitiv)	Der Hut <u>des</u> Kindes fehlt. Der Hut <u>eines</u> Kindes fehlt.	Die Hüte <u>der</u> Kinder fehlen.
3. <u>Wem</u>-Fall: (Dativ)	<u>Dem</u> Kind gefällt Bonn. <u>Einem</u> Kind gefällt Bonn.	<u>Den</u> Kindern gefällt Bonn.
4. <u>Wen</u>-Fall: (Akkusativ)	Ich sehe <u>das</u> Kind. Ich sehe <u>ein</u> Kind.	Ich sehe <u>die</u> Kinder.

Auch *substantivierte Verben* werden in diese vier Kasus (Fälle) gesetzt. Man sagt dazu auch: „*dekliniert*".
Wir deklinieren: „das Lachen":

1. Nominativ:	<u>Das</u> Lachen erklingt. <u>Ein</u> Lachen erklingt.	(<u>Wer</u> oder <u>was</u>?)
2. Genitiv:	Der Klang <u>des</u> Lachens erfreut. Der Klang <u>eines</u> Lachens erfreut.	(<u>Wessen</u>?)
3. Dativ:	Mit <u>dem</u> Lachen geht's leichter. Mit <u>einem</u> Lachen geht's leichter.	([mit] <u>wem</u>?)
4. Akkusativ:	Ich höre <u>das</u> Lachen. Ich höre <u>ein</u> Lachen.	(<u>Wen</u> oder <u>was</u>?)

Setze den passenden Artikel vor die substantivierten Verben:

- Der Lastwagen poltert. _____ Poltern des Lastwagens stört uns.

- Die Bären brummen. _____ Brummen der Bären klingt harmlos.

- Viele Kinder musizieren. Wir erfreuen uns an _____ Musizieren der Kinder.

- Es ist mühselig zu klettern. Die Mühsal _____ Kletterns wird belohnt.

Großschreibung

5 Nun wollen wir wieder einige Verben mit dem Artikel substantivieren und sie mit dem passenden Kasus einsetzen. Hier die Verben:

umkleiden – schwimmen – schießen – schwingen – turnen – rennen – werfen – laufen – springen

Mein Lieblingsfach

Sport ist mein Lieblingsfach, denn es ist sehr vielseitig. Bei dem _____ am Barren ist die Stützkraft wichtig. Für das _____ am Hochreck benötige ich Halte- und Zugkraft. Die Leichtathletik ist abwechslungsreich. Im _____ bin ich bei den schnellsten Schülern. Die Kunst des _____ besteht darin, eine weite Ausholbewegung zu machen. Beim _____ unterscheidet man zwischen Hochsprung und Weitsprung. Nur das _____ in der Runde ist mir zu langweilig. Das Fußballspiel erfordert mehr als nur ein _____ auf das Tor. Montags gehen wir ins Hallenbad. Das _____ erfolgt mit runden, gleichmäßigen Bewegungen. Wenn nur nicht bei dem _____ so viel Zeit verloren ginge!

Vor zwei der substantivierten Verben ist auf den ersten Blick kein Artikel zu finden. Wo hat er sich versteckt? _____

(Der Artikel ist mit der Präposition verschmolzen: beim = bei + dem.)

6 Wir erinnern uns: Wörter, vor denen ein Artikel steht, sind Substantive/Nomen. Manchmal wird der Artikel aber auch ausgelassen (siehe linke Spalte):

Riesen sind Märchenfiguren.   →   (Die)Riesen sind ...
Tiere lügen nicht.   →   (Die) Tiere lügen ...
Große sind oft gemein.   →   (Die) Großen sind ...
Lesen macht Spaß.   →   (Das) Lesen macht ...

Du siehst: Bei Substantiven oder substantivierten Wortarten kann ein *ausgelassener Artikel* immer wieder *dazugesetzt* werden, ohne dass der Sinn des Satzes verändert wird. (Siehe rechte Spalte!)

Großschreibung

Wo wurde ein Artikel ausgelassen? – Setze ihn beim Abschreiben wieder ein!

- Hämmern und Sägen war aus dem Kellerraum zu hören.
- Mit Betteln wird man selten reich.
- Das beste Mittel gegen schlechte Laune ist Lachen.
- Wir alle lieben Wandern auf der Schwäbischen Alb.
- Mit Schimpfen und Fluchen wirst du die Schrauben nicht herausdrehen können!
- Der schlitzohrige Verkäufer sagte: „Klappern gehört zum Geschäft!"
- Durch Anbrüllen ist noch niemand überzeugt worden.

7

In der vorletzten Übung gab es zwei versteckte Artikel (im Rennen, beim Springen).

im ist zusammengesetzt aus in + dem (Rennen)
beim ist zusammengesetzt aus bei + dem (Springen)

Der Artikel – hier im Dativ (Wem-Fall) – verschmilzt also mit der Präposition (Verhältniswort).

Welche Artikel sind hier mit den Präpositionen verschmolzen? Schreibe die beiden Bestandteile in die Klammer hinter den Satz!

- Die Schüler übten sich im Mogeln. (in dem Mogeln)
- Du solltest beim Kauen nicht sprechen. (_____)
- Der Sträfling dachte immerzu ans Fliehen. (_____)
- Man verzichtete aufs Abstempeln der Eintrittskarten. (_____)
- Ihr braucht Ausdauer zum Lernen. (_____)
- Beim Vorbereiten von Festen ist Martin ein Ass. (_____)
- Freuen sich alle aufs Malen? (_____)
- Opa erzählt gern vom Angeln. (_____)

Großschreibung 113

Tina hat aus ihrem Rucksack einige Wörter verloren. Kannst du sie an die passende Stelle setzen?

- _____ Segeln brauchst du wetterfeste Kleidung.
- Susi lernte _____ Kochen bei ihrem Vater.
- Ich weiß, dass _____ lautes Knallen die Vögel vertreibt.
- Ines war _____ Springen nicht zu schlagen.
- Und dann begann _____ Stadion _____ Drängeln und Schieben.
- Wir sollten allmählich _____ Heimgehen denken.
- Wir bedauern _____ Vernichten von so viel Obst.
- Allein _____ Herumstehen und Gaffen gibt es keinen Lohn.
- Die Kunst _____ Malens kann erlernt werden.

Hast du beachtet, dass die Wörter, zu denen ein Artikel gehört, großgeschrieben werden? Es sind substantivierte Verben.

9

Heute wird's knifflig!
Ein Tipp: Prüfe jeweils, ob zu dem Verb ein Artikel gehört! Wenn ja, gilt es als „substantiviertes Verb" und wird großgeschrieben. Wenn nein, bleibt es klein.

Schreibe die Sätze ab.

- Julia genießt samstags das (b/B)aden in der Wanne.
- Thomas möchte gern (s/S)chwimmen gehen und (t/T)auchen.
- Man hört im Keller ein (p/P)oltern und ein (k/K)rachen.
- Vater sagt, seine neuen Schuhe seien zum (w/W)andern viel zu schade.
- Ihr wollt bei Regen wirklich (b/B)aden?
- Wir sollen doch nicht so laut (r/R)eden!
- Das Rätsel ist durch (n/N)achdenken zu lösen.
- Vom (a/A)ufräumen ist noch niemand gestorben.
- Sie schaffte die Prüfung mit (h/H)ängen und (w/W)ürgen.
- Wir gehen jetzt mit dem Volleyball (s/S)pielen.

Anredepronomen „Sie"

10

Vergleiche beide Texte:

Text 1:

Die Kinder liefen vergnügt aus dem Klassenzimmer. Schon an der Tür drängelten sie. Unvorsichtig stürmten sie die Treppe hinunter, bis sie an die Außentür kamen. Kaum hatten sie sie aufgestoßen, da wurde ihnen ein lautes ‚Halt' entgegengerufen. Mit ihren verblüfften Gesichtern blickten sie auf den verstimmten Direktor, der ihnen zurief: „Alles wieder zurück! Bei einem Feueralarm müsst ihr besonnen und geordnet aus dem Schulhaus gehen! Im Ernstfall würdet ihr mit eurem Gedränge den Ausgang blockieren!"

Text 2:

Liebe Abiturienten!
Heute sind Sie mit Ihren Eltern zum letzten Male in der Schulaula zusammengekommen, um Ihrer Schule Ade zu sagen. Sie haben alle das Abitur bestanden und ein neuer Lebensabschnitt liegt vor Ihnen. – Wir, Ihre Lehrer, werden an viele von Ihnen gern zurückdenken und hoffen, dass auch Sie uns in guter Erinnerung behalten werden – nicht nur deshalb, weil Sie einen beträchtlichen Teil Ihrer Jugend in diesem Haus verbracht haben ...

Großschreibung 115

Wie erklärst du, dass im Text 1 die Wörter
sie, ihnen, ihren, ihr, euerem *kleingeschrieben* stehen,

aber im Text 2
Sie, Ihnen, Ihre, Ihren, Ihrer *groß* verwendet werden?

(Immer, wenn man jemanden in der Höflichkeitsform anredet, gebraucht man ‚Sie'.)

Pronomen der Anrede: groß oder klein? Schreibe ab und setze ein.

- Die Kinder wünschen sich, dass (s/S)ie Indianer wären und heute nicht in (i/I)hren Kindergarten gehen müssten.
- Herr Hase, tun (s/S)ie bitte nicht so, als wüssten (s/S)ie von nichts!
- Die Einwanderer nahmen (i/I)hre Koffer und (i/I)hre Taschen und betraten (i/I)hre neue Heimat.
- Wir danken (i/I)hnen, Herr Pfarrer, für (i/I)hre freundlichen Worte und laden (s/S)ie zum Kaffeetrinken ein.

11

Wenn man jemanden mit dem persönlichen Fürwort (Personalpronomen) Sie oder mit dem besitzanzeigenden Fürwort (Possessivpronomen) Ihr anredet, werden diese Höflichkeitsformen – und zwar in allen vier Kasus (Fällen) – *großgeschrieben*.
Dies gilt *immer* – nicht nur im Brief!

	Personal-pronomen	Possessiv-pronomen	Beispiele
1. Nominativ: (Wer?)	Sie	Ihr (Kind)	Sie und Ihr Kind sind willkommen.
2. Genitiv: (Wessen?)	Ihrer	Ihres (Kindes)	Ich gedenke Ihrer und Ihres Kindes.
3. Dativ: (Wem?)	Ihnen	Ihrem (Kind)	Ich vertraue Ihnen und Ihrem Kind.
4. Akkusativ: (Wen?)	Sie	Ihr (Kind)	Ich sehe Sie und Ihr Kind.

Denke dir einen Brief an deine(n) Lieblingslehrer(in) aus und verwende darin viele Anredepronomen.

Großschreibung

> Bei „ihr" und „euer", „du" und „dein" schreib die Anrede nur klein!

> Bei Erwachsenen merk dir bloß: Schreib die Anreden stets groß!

12 Anreden von Kindern, Freunden usw. schreibt man klein.

Lieber Sven,

sicher hast du dich gefragt, warum ich deinen Brief so lange nicht beantwortet habe. Hoffentlich bist du mir nicht böse. Gerade weil ich mich immer so über deine Post freue, hätte ich dir sofort antworten müssen! Aber stelle dir vor: Putzi war todkrank! Ich musste sie Bröckchen für Bröckchen füttern, so schwach war sie. Wie du aus der Zeit weißt, als euer Bello sein Fell verlor und ihr andauernd zum Tierarzt fahren musstet, bleibt da wenig Zeit für private Dinge. Sobald Putzi wieder gesund ist, schreibe ich dir alle Einzelheiten.
Alles Liebe und Gute!
Steffi

Antworte (als Sven) Steffi mit einem Brief.
(Beachte die kleingeschriebenen Personal- und Possessivpronomen.)

Großschreibung

Merke dir:
Wenn du jemanden anredest, zu dem du „Sie" sagst, schreibst du groß. Anreden von Kindern oder Freunden, die du mit „du" oder „ihr" ansprichst, schreibst du klein.

Schreibe diesen Brief ab und verwende die richtige Form.

Liebe Frau Klawuttke! Liebe Martina!

Ich beglückwünsche (s/S)ie und (d/D)ich ganz herzlich zu den Gruppensiegen beim Schachturnier. War das eine Überraschung, als ich in der Zeitung den Bericht entdeckte! Frau Klawuttke, (i/I)hr Foto kam (m/M)ir schon bekannt vor. Besitzt die Zeitung ein altes Passfoto von (i/I)hnen, das (s/S)ie schon bei einem früheren Bericht verwendet hat? Ich meine, (i/I)hre Frisur wäre doch dieses Jahr anders.

Aber (d/D)ich, liebe Martina, habe ich sofort erkannt. Typisch Martina ist wieder (d/D)ein verschmitztes Lächeln, wobei (d/D)ir die Augen immer blitzen. War (d/D)ein Vater stolz auf (e/E)uch? Wann kommt es schon einmal vor, dass eine Mutter gleichzeitig mit (i/I)hrer Tochter gewinnt?

Vielleicht kannst (d/D)u, liebe Martina, mir einige Tricks verraten, damit ich (u/U)nseren Nachbarn im Schach schlagen kann.

Viele Grüße!

Katrin

> Achtung! Es geht nicht nur um Anredepronomen.

Kontrollübung zur Großschreibung

14 Beim Abschreiben musst du die Wortgrenzen, Sätze und Satzzeichen finden. Satzanfänge und Substantive/Nomen (auch substantivierte Verben) schreibst du groß:

Frühjahrsputz

derfrühjahrsputzisteingroßesereignismanerkenntseinherannahenschonanderaufgeregtheitderganzenfamiliemeinemutterübernimmtdasputzendeshausesdieeimerklappernundauchmitlautemrufenkommtmannichtgegendasheulendesstaubsaugersanmeinvatermussdengartenumgrabenundallesträucherschneidenandendornenheckenhörtmanseinunterdrücktesfluchenmeineschwesterundichhabendiekinderzimmeraufzuräumenwirbenutzenzumabstaubenweichelappenundfürdaswischendesparkettsklareswasserindenschrankfächernscheinensichallevermisstendingeverstecktzuhabenesistkaumzuglauben,wasdawiederauftauchtamabendgehenwirzurbelohnungpizzaessen

Kontrollübung zu substantivierten Verben

15 Entscheide beim Abschreiben: groß oder klein?

- Das (b/B)ellen der Hunde stört.
- Katzen, die (m/M)iauen, wollen gestreichelt werden.
- Durch (b/B)ohren in der Nase hat noch niemand Gold gefunden.
- Dein (s/S)chnattern lockt alle Gänse an.
- Über ein (l/L)ächeln des Babys freuen sich die Eltern.
- Ein Glück, dass wir nicht zu (s/S)ingen brauchen!
- Ich möchte sonntags gern (s/S)chwimmen und (w/W)andern (g/G)ehen.
- Mir macht (a/A)ufräumen auch keine Freude, wenn du nicht mithilfst.
- Welch ein (s/S)ingen, (m/M)usizieren, (p/P)feifen, (z/Z)witschern und (t/T)irilieren!
- Du solltest mir verraten, wie ich es (l/L)ernen kann, gut zu (k/K)egeln.
- Vermutlich bleibt (s/S)katen so beliebt.
- Auf dem Platz herrscht ein (k/K)ommen und (g/G)ehen.
- Niemand will sich Zeit (n/N)ehmen um die Spielplätze zu (p/P)flegen.

Kontrollübung zu Anrede und Verben

Diesen Brief sollst du diktiert bekommen. Dazu kannst du wieder das Tonband benutzen.

Liebe Familie Schmitt!

Herzlichen Dank für (i/I)hre herrlichen Urlaubsfotos, die(s/S)ie, verehrte Frau Schmitt, mit (i/I)hrer neuen Kamera von (u/U)nserem gemeinsamen Urlaub geschossen haben! – Und hast (d/D)u, liebe Lena, inzwischen (d/D)einen Sonnenbrand überstanden? Man hätte (d/D)ich glatt für einen Krebs halten können, als (d/D)u am Strand beim (s/S)onnen eingeschlafen warst! – Selbstverständlich möchte (i/I)ch auch (d/D)ich grüßen, liebe Conni! Mir ist (d/D)ein (l/L)achen immer noch im Ohr! Denkst (d/D)u auch noch daran, wie wir mit dem Mietboot zum (s/S)egeln gingen und vor lauter (j/J)ubeln das Steuerruder an Land (v/V)ergaßen? – Für (e/E)uern Papa haben wir noch eine Überraschung. Wollt (i/I)hr wissen, was? Vermisst er nicht (s/S)eine Sonnenbrille?
Ach, (d/D)u liebe Zeit! Es ist fünf Uhr. Ich muss schnell zur Post!
Viele Grüße an alle – auch von (m/M)einen Eltern!

Saskia

Entsprechend deiner Fehlerzahl darfst du wieder eine Pyramide ausfüllen!

Zeichensetzung

Satzschlusszeichen

1 Es ist selbst für Lehrer gar nicht leicht zu erklären, was ein „Satz" ist. Er kann nämlich sehr unterschiedlich aus Einzelteilen (Satzgliedern), ja aus Verknüpfungen von weiteren Sätzen (Satzgefügen) zusammengesetzt sein. Wir wollen uns daher zunächst so helfen:

Ein Satz endet dort, wo ich eine deutliche Sprechpause machen kann.

Ein Satz wird mit einem Satzschlusszeichen abgeschlossen:
a) bei normalen Aussagen ein *Punkt:*   Es war einmal eine alte Geiß.
b) bei Fragen ein *Fragezeichen:*   Wo steckt ihr, liebe Kinder?
c) bei Ausrufen, lauten Anrufen oder   Du bist der böse Wolf!
    Befehlen ein *Ausrufezeichen:*   Zeig uns erst deine Pfote!

Probiere aus, ob du alle drei Schlusszeichen und den Satzanfang richtig einsetzen kannst.

es war einmal ein armer Müller, der eine schöne Tochter hatte eines Tages begegnete er dem König was machte der Müller in diesem Augenblick er hatte nichts anderes zu tun als anzugeben dem erstaunten König log er vor, dass seine Tochter Stroh zu Gold spinnen könne kaum war ihm diese Prahlerei entfahren, da bereute sie der Müller der König befahl nämlich: „Schick mir diese Tochter morgen aufs Schloss wehe ihr, wenn sie die Probe nicht besteht " als nun das Mädchen zum Schloss gebracht wurde, gab man ihr Spindel und Haspel dann wurde sie in eine Kammer ganz voll Stroh gesperrt wie sollte die arme, weinende Müllerstochter denn Stroh zu Gold spinnen da ging auf einmal die Tür auf herein trat ein kleines, runzeliges Männchen ...

wörtliche Rede

Wenn in einem Text erzählt wird, *wer* gesprochen hat und *was* genau der Genannte *gesagt* hat, so finden wir dabei zweierlei: die wörtliche Rede und ihren Begleitsatz.

Wer spricht?   *Was* wurde wörtlich *gesagt*?

| Begleitsatz | : „ | wörtliche Rede | ." |

Wenn der Begleitsatz *vor* der wörtlichen Rede steht, sieht die Zeichensetzung bei der wörtlichen Rede so aus:

a) Der Zauberspiegel antwortete: „Du bist die Schönste." (Aussage)
b) Die Stiefmutter fragte: „Wer ist die Schönste hier?" (Frage)
c) Sie schrie: „Das soll sie büßen!" (Ausruf)

Füge je einen Begleitsatz und eine wörtliche Rede zusammen und setze die Zeichen:

Da riefen alle Zwerge   Wer hat aus meinem Napf getrunken
Der erste Zwerg fragte   Ei, das Kind ist wunderschön
Da warnten es die guten Zwerge   Ich heiße Schneewittchen
Da antwortete das Mädchen   Wer hat von meinem Tellerchen gegessen
Schneewittchen aber versprach   Hüte dich vor deiner Stiefmutter
Auch der zweite Zwerg fragte   Ich werde euch den Haushalt versehen
Der dritte Zwerg wollte wissen   Wer hat in meinem Bettchen gelegen

Komma bei Anrede und Ausruf

Schau dir das Komma in folgenden Sätzen an. Was trennt es ab?

„Verriegelt gut die Tür, liebe Kinder!"
„Bleib stehen, du dicker fetter Pfannkuchen!"
„Frau Königin, Schneewittchen ist tausendmal schöner als Ihr!"
„Fürchte dich nicht, liebes Kind, bleibe bei mir!"
„Kikeriki, unsere goldene Jungfrau ist wieder hie!"
„Bäumchen, rüttel dich und schüttel dich!"

(Das Komma trennt Anreden oder Ausrufe in einem Satz ab.)

Füge eine passende Anrede oder einen Ausruf aus der linken Spalte in einen Satz (rechte Spalte) ein. Vergiss das *Komma* nicht!
(Beispiel: Thomas, warst du das Gespenst?)

„Ach	du bist ein Genie!"
„Nein	was muss man oft von bösen Leuten lesen!"
„Hänsel	so habe ich das nicht gesagt!"
„Bitte	wer schleicht denn da zum Kühlschrank?"
„Bello	ich heiße Sie herzlich willkommen!"
„Hallo	lass sofort den Briefträger los! Bei Fuß!"
„Verehrte Gäste	kommen Sie bitte einmal auf die Bühne!"
„Lieber Gott	steht auf und geht mit uns spazieren!"
„Ihr Faulenzer	bewahre uns vor Not und Pein!"
„Herr General	wir sind erlöst, die alte Hexe ist tot!"
„Theo	gib mir den Ball zurück!"
„Ei	zu Befehl!"

Merke dir also: Anreden oder Ausrufe werden im Satz durch Komma abgetrennt!

Komma bei der Aufzählung

4 Wenn die Teile einer Aufzählung nicht durch ein Bindewort (Konjunktion) wie „und", „oder", „sowie" verbunden sind, müssen sie durch Komma(s) voneinander getrennt werden.
Dabei spielt es keine Rolle, welche Wortarten aufgezählt werden. Sieh selbst:

Aufzählung

a) von Verben: Kinder möchten springen **,** laufen **,** toben *oder* klettern.

b) von Substantiven: Auf dem Boden lagen Bauklötze **,** Spielautos **,** Kartenspiele *und* Brettspiele.

c) von Adjektiven: Der Delfin ist schnell **,** mutig **,** klug *sowie* hilfsbereit.

Schreibe die folgenden Sätze ab und beachte die Kommaregel:
- Michael pflückt Birnen Äpfel Pflaumen Kirschen.
- Gerhard Heidi Christoph Onkel Fritz helfen ihm.

- Danach will Michael tanzen springen singen herumalbern.
- Am Marktbrunnen stehen Tina Tommi Anja Alex und Tim.
- Ihre Pullover sind grau grün rot oder braun.
- Dazu tragen sie Jeans oder Jogginghosen Radlerhosen oder Röcke.
- Diese Straße führt nach Ansbach Nürnberg Fürth sowie Erlangen.

Kontrollübungen zu Zeichensetzung und Satzbau

Wenn du die Sätze, die Zeichensetzung und die Großschreibung beachtest, lernst du einen Witz kennen.
Schreibe ins Heft:

diewaldameisenhabenbeschlossenaufdiejagdzugehenihranführerheißtwilliesistaberweitundbreitnichtszufindendakommteinelefantdaherwilliruftdenameisenzuleutedenkerlfangenwirderanführerwillihatauchschoneinenplanerklettertmitseinenfreundenaufdenasteinesbaumessiesindzusammensechstausendameisenderelefanttrottettatsächlichunterdembaumdahernunspringenaufwilliskommandoallesechstausendameisengleichzeitigaufdenelefantendieserschütteltsicheinmalkurzdabeifallenfünftausendneunhundertneunundneunzigameisenherunteralleinwillikannsichnochamnackenfestklammerndieanderenameisenrufennunvonuntenwürgihnwilliwürgihnwilli

Finde auch hier Rechtschreibung, Satzbau und Zeichensetzung:

dreikleinejungenspielenmiteinandersiebeginnensichaberzulangweilenweilihnennichtsmehreinfälltringkämpfeundmutprobenhabensieschonoftgenuggemachtalsobeginnensieanzugebendererstejungesagtwisstihreigentlichdassicheinenganzbekanntenonkelhabediebeidenanderenknabenwerdenneugierigundfragenwasistdennmitdeinemonkeldakommtdieantwortmeinonkelistpfarrerzudemmüssenalleleutehochwürdensagennunruftderzweitejungedasistdochgarnichtsmeinonkelistkardinalundallesagenzuihmeureeminenzderdrittejungeverkündetsiegesgewissmeinonkelistnochvielhöhererwiegt150kilowenndieleutedensehenhörtmansiealleogottogottsagen

Kontrollübung zum Komma bei der Aufzählung

7 Setze beim Abschreiben Kommas ein:

- Die Flüsse Neckar Main Nahe Lahn Mosel und Erft Ruhr Lippe münden in den Rhein.
- In Nordrhein-Westfalen haben Münster Düsseldorf Köln sowie Bonn Bochum und Dortmund bekannte Universitäten.
- In meinem Garten blühen rote gelbe rosa oder weiße Rosen üppiger als beim Nachbarn.
- Kindern und Jugendlichen Schülern sowie Herzkranken wird vom Eintritt abgeraten.
- Wir bereisten im vergangenen Sommer den Teutoburger Wald die Rheinische Eifel den Hunsrück danach den Taunus und den Westerwald und das Rothaargebirge.
- Am Grillplatz tranken aßen sangen und schunkelten die Wanderfreunde.
- Lisa trägt schöne geschmackvolle Ohrringe.

Gebrauch des Wörterbuchs

Wörterbücher nennen die Wörter in einer bestimmten Reihenfolge. Diese beginnt beim ersten Buchstaben des Alphabets (A) und endet beim letzten (Z). Die Wörter sind also alphabetisch im Wörterbuch angeordnet.

1	2	3	4	5	6	7	8	9	10	11	12	13	14	15	16	17	18	19	20	21	22	23	24	25	26
A	B	C	D	E	F	G	H	I	J	K	L	M	N	O	P	Q	R	S	T	U	V	W	X	Y	Z

Auto steht vor Bus. Bus steht vor Campingwagen.

Du hast sicher schon gemerkt, wie ein Wörterbuch geordnet ist:

- Ein Anfangsbuchstabe B auf Platz 2 kommt *nach* A, weil A den Platz 1 hat, und *vor* C, weil C den Platz 3 hat.
- Ist der erste Buchstabe gleich, musst du dir den zweiten anschauen: BANDE steht *vor* BERTA, weil der zweite Buchstabe A *vor* dem Buchstaben E kommt.
- Beim dritten geht es ebenso: BARON steht *vor* BAUCH, weil der dritte Buchstabe R *vor* dem Buchstaben U kommt.
- Manchmal bestimmt erst der vierte Buchstabe die Reihenfolge: BAUCH steht *vor* BAUER, weil der vierte Buchstabe C *vor* dem Buchstaben E erscheint.

Also gilt für jeden unserer Buchstabenplätze:
Der Buchstabe mit der niedrigeren Platzzahl
steht immer vor dem Buchstaben mit der höheren Platzzahl!

1. NAGEL   (A = Platz 1)   1. FEIER   (I = Platz 9)
2. NEBEL   (E = Platz 5)   2. FERNE   (R = Platz 18)
3. NOMEN   (O = Platz 15)   3. FEUER   (U = Platz 21)

Kennst du dich im Alphabet aus? Hier kannst du dich überprüfen.

Welche Buchstaben fehlen jeweils innerhalb der folgenden Ketten? Schreibe sie dahinter.

B C D F G : _____
H I J K M : _____
Q R T U V : _____
U V W Y Z : _____

Gebrauch des Wörterbuchs

Welcher Buchstabe folgt im Alphabet jeweils auf die beiden abgedruckten Buchstaben?

CD___   HI___   KL___   OP___   TU___   XY___

Welcher Buchstabe steht zwischen den beiden abgedruckten Buchstaben im Alphabet?

A___C   G___I   J___L   N___P   S___U   V___X

Wo musst du die folgenden Wörter im Wörterbuch suchen:
Im ersten Teil (A – I), im zweiten Teil (J – R) oder im dritten Teil (S – Z)?
Ordne die Wörter entsprechend zu.

Besen, Zucker, rufen, Himmel, Basketball, Ostern, Frühling, Sommer, Herbst, Winter, Esel, Igel, Jakob, Nacht, Verkehr, lustig, Schule, Region, Ferien, Quarz, Giraffe

1. Teil (A – I): _____

_____

2. Teil (J – R): _____

_____

3. Teil (S – Z): _____

_____

Gebrauch des Wörterbuchs 127

Tina und Tommi prüfen sich gegenseitig, wie gut sie im Wörterbuch nachschlagen können.

2

In welcher Reihenfolge stehen die Wörter von der Pinnwand (jeweils die rechte und linke Gruppe) im Wörterbuch?

NEBEL   ASCHE
NEBEN   BLICK
NEFFE   BLOCK
NEIGE   CHLOR
NELKE   DEICH
NEPAL   DURCH
NERZE   FLACH
NETZE   GNADE
NEUES   HITZE
                 PILOT
                 RADIO
                 RAUCH
                 RENTE
                 SAHNE
                 THEMA
                 TORTE

Gebrauch des Wörterbuchs

3 Ordne die folgenden Wörter jeweils in alphabetischer Reihenfolge:

Niete, Nagel, Not, Natur

_____

Butter, Ball, Bus, Banane

_____

Fußball, Ferien, Fasching, Familie

_____

Zoo, Zaunkönig, zucken, zuschauen

_____

verlieren, vergessen, vertrauen, versammeln

_____

Die Wörter sind im Wörterbuch immer nur in einer bestimmten Form alphabetisch angeordnet. Bei Verben musst du nach dem Infinitiv (Grundform) suchen, bei Nomen/Substantiven nach der Singular-Form (Einzahl) und bei Adjektiven nach dem Positiv (Grundstufe).
Schreibe hinter die folgenden Wörter jeweils die Form, nach der du im Wörterbuch suchen musst.

Mäuse – _____   er liest – _____

kälter – _____   sie fiel – _____

am längsten – _____   schärfer – _____

Zähne – _____   Züge – _____

Tschüss!   Bis später!

Dies war deine letzte Übung in diesem Buch. Tina und Tommi wollen sich verabschieden – bis zur Klasse 6. Dann gibt es nämlich eine Fortsetzung, wenn du möchtest.

Grammatische Begriffe

Adjektiv:	Eigenschaftswort (groß, schön, lieb)
Adverb:	Umstandswort (bald, jetzt, dort, gern)
Adverbiale:	Umstandsbestimmung, das Verb ausschmückende Wortgruppe
Akkusativ:	4. Fall (Frage: wen oder was?)
Aktiv:	Tatform (Das Subjekt macht etwas)
Anredepronomen:	Anredefürwort (Sie, du, ihr)
Apposition:	Beifügung im gleichen Kasus (Herr Kurt, der Metzger, ...)
Artikel:	Geschlechtswort/Begleiter (der, die, das; ein, eine, ein)
Attribut:	Beifügung (ein *schönes* Kind; der Motor *des Autos*)

Dativ:	3. Fall (Frage: wem?)
Deklination:	Beugung des Haupt-, Für-, Zahl- und Eigenschaftswortes
Demonstrativpronomen:	hinweisendes Fürwort (*dieser* Hund, *jener* Mann)
Diphthong:	Zwielaut (ai, au, äu, ei, eu)
direkte Rede:	wörtliche Rede (Sie sprach: „Ich freue mich!")

Femininum:	weibliches grammatisches Geschlecht (die Frau)
Flexion, flektiert:	Beugung (der Mann – des Mannes; rufen – ich rief)
Fragepronomen:	Fragefürwort (wer? wo? wann? wie?)
Futur (I u. II):	(1. u. 2.) Zukunftsform des Zeitwortes/Tätigkeitswortes

Genitiv:	2. Fall (Frage: wessen?)
Genus:	Geschlecht des Hauptwortes (männlich, weiblich, sächlich)

Hilfsverb:	Hilfszeitwort (sein, haben, werden)

Imperativ:	Befehlsform (Lies! Sprich!)
Imperfekt:	Vergangenheitsform/Präteritum des Zeitwortes
Indikativ:	Wirklichkeitsform des Zeitwortes
Infinitiv:	Grundform des Zeitwortes (stehen, sagen, denken)
Indirekte Rede:	Redewiedergabe (Sie sagte, dass sie sich freue.)
Interjektion:	Ausrufewort (Ach! Au! Aha! Oh!)
Interpunktion:	Zeichensetzung

Kasus:	Fall (Nominativ, Genitiv, Dativ, Akkusativ)
Komparativ:	1. Steigerungsstufe des Eigenschaftswortes (größer, besser)
Komposita:	zusammengesetzte Wörter (Donaudampfschifffahrtsgesellschaft)
Konjugation:	Beugung des Zeitwortes (ich sehe, du siehst, er sieht)
Konjunktion:	Bindewort (und, oder, weil, dass, wenn)
Konjunktiv:	Möglichkeitsform des Zeitwortes (Wie *sähe* er dann aus!)
Konsonant:	Mitlaut (b, c, d, f, g, h, j, k, l, m, n, p, q, r, s, t, v, w, x, z)
Maskulinum:	männliches grammatisches Geschlecht (der Junge)
Modalverb:	(dürfen, können, müssen, mögen, sollen, wollen)
Modus:	Aussageweise des Zeitworts (Indikativ, Konjunktiv, Imperativ)
Neutrum:	sächliches grammatisches Geschlecht (das Kind)
Nomen:	Substantiv/Hauptwort/Namenwort
nominalisiert:	substantiviert/zu einem Hauptwort umgeformt
Nominativ:	1. Fall (Frage: wer oder was?)
Numerale:	Zahlwort (eins, drei, zehn; dritte; ein Achtel; manche)
Numerus:	Anzahl (Einzahl – Mehrzahl)
Objekt:	Satzglied, das als Ergänzung vom Zeitwort gefordert wird (Sie verschenkt *das Fahrrad*.)
Partizip (I u. II):	Mittelwort zwischen Zeit- u. Eigenschaftswort (küssend, geküsst)
Passiv:	Leideform des Zeitwortes (Otto *wird geschlagen*.)
Perfekt:	vollendete Gegenwart (Oma *ist angekommen*.)
Personalpronomen:	persönliches Fürwort (ich, du, er, sie, es, wir, ihr, sie)
Plural:	Mehrzahl (die Männer, die Frauen, die Kinder)
Plusquamperfekt:	vollendete Vergangenheit (Oma *war angekommen*.)
Positiv:	Grundstufe des Eigenschaftswortes (gut, klein ...)
Possessivpronomen:	besitzanzeigendes Fürwort (mein, dein, sein, ihr, unser, euer (Haus))
Prädikat:	Satzaussage, verbales Satzglied (Wir *holen* Wasser.)
Präfix:	Vorsilbe (*ge*fahren, *er*fahren, *aus*fahren, *vor*fahren)
Präposition:	Verhältniswort (an, auf, über, hinter, in, gegen ...)

Präsens:	Gegenwartsform des Zeitwortes (ich spreche, sie hören)
Präteritum:	Vergangenheitsform des Zeitwortes (ich sprach, sie hörten)
Pronomen:	Fürwort, das für ein Substantiv/Nomen steht oder es begleitet
Reflexivpronomen:	rückbezügliches Fürwort (Ich getraue *mich*. Sie wundert *sich*.)
Relativpronomen:	bezügliches Fürwort (Ein Dichter, *den* ich kenne und *welchen* ich verehre, ist Goethe.)
Relativsatz:	Nebensatz, der durch ein Relativpronomen eingeleitet wird
Singular:	Einzahl (ein Auto, der Tropfen, die Flasche, er, du, ich)
Subjekt:	Satzgegenstand, Verbergänzung im Nominativ (*Die Frau* singt Lieder.)
Subjunktion:	unterordnendes Bindewort (*Nachdem* er gerufen hatte, kamen alle.)
Substantiv:	Hauptwort/Namenwort/Nomen (Reiter, Pferd, Fahrt)
substantiviert:	zum Hauptwort umgeformt (lachen – das Lachen; schön – das Schöne)
Suffix:	Nachsilbe (Weis*heit*, Bild*ung*, ehr*bar*, Heiter*keit*, däm*lich*)
Superlativ:	2. Steigerungsstufe des Eigenschaftswortes (am lautesten)
Tempus:	Zeit des Zeitwortes/Tätigkeitswortes (Präsens, Präteritum/Imperfekt, Futur, Perfekt, Plusquamperfekt)
Verb:	Zeitwort/Tätigkeitswort (lachen, rufen, tun, gehen)
Vokal:	Selbstlaut (a, e, i, o, u, y, ä, ö, ü, au, ei, äu, eu)

LERNHILFEN

NEU

W.-D. Jägel, Grundlagen Deutsch

Formentafeln zur deutschen Grammatik	Von Michael Fuchs 77 Seiten, geh., Best.-Nr. 025161 0
Grammatik	Von Johannes Diekhans und Othmar Höfling 56 Seiten, geh., Best.-Nr. 025101 7
Grammatik üben 5	Von Johannes Diekhans und Michael Fuchs 131 Seiten, kart., mit Lösungen 47 Seiten, Best.-Nr. 025112 2
Grammatik üben 6	Von Johannes Diekhans und Michael Fuchs 173 Seiten, kart., mit Lösungen 56 Seiten, Best.-Nr. 025191 2
Der Weg zur sicheren Zeichensetzung	Von Johannes Diekhans 64 Seiten, geh., mit Lösungen 24 Seiten, Best.-Nr. 025102 5
Der Weg zur sicheren Rechtschreibung	Von Johannes Diekhans 112 Seiten, kart., mit Lösungen 31 Seiten, Best.-Nr. 025103 3
Rechtschreibung üben 5	Von Ulrich Horch-Enzian 131 Seiten, kart., mit Lösungen 24 Seiten, Best.-Nr. 025104 1
Rechtschreibung üben 6	Von Ulrich Horch-Enzian 137 Seiten, kart., mit Lösungen 28 Seiten, Best.-Nr. 025105 X
Rechtschreibung üben 7/8	Von Ulrich Horch-Enzian 145 Seiten, kart., mit Lösungen 36 Seiten, Best.-Nr. 025106 8
Rechtschreibung üben 9/10	Von Ulrich Horch-Enzian 132 Seiten, kart., mit Lösungen 40 Seiten, Best.-Nr. 025107 6
Aufsatz 5	Von Peter Kohrs und Johannes Diekhans 88 Seiten, kart., mit Lösungen 24 Seiten, Best.-Nr. 025108 4
Aufsatz 6	Von Peter Kohrs und Johannes Diekhans 96 Seiten, kart., mit Lösungen 24 Seiten, Best.-Nr. 025109 2
Aufsatz 7/8	Von Franz Waldherr 104 Seiten, kart., mit Lösungen 30 Seiten, Best.-Nr. 025110 6
Diktate 2.–4. Schuljahr	Von Johannes Diekhans und Michael Fuchs 119 Seiten, kart., Best.-Nr. 074118 9
Diktate 4.–6. Schuljahr	Von Johannes Diekhans 104 Seiten, kart., Best.-Nr. 074112 X
Diktate 7.–10. Schuljahr	Von Johannes Diekhans und Michael Fuchs 138 Seiten, kart., Best.-Nr. 074113 8
Übungs- und Prüfungsdiktate 5.–10. Schuljahr	Von Johannes Diekhans und Michael Fuchs 216 Seiten, geb., Best.-Nr. 074114 6

Fordern Sie unseren Prospekt zur Reihe an:
Informationen zum Nulltarif ✆ 08 00 / 1 81 87 87

SCHÖNINGH VERLAG
im Westermann Schulbuchverlag GmbH
Postfach 2540 · 33055 Paderborn

Schöningh

E-Mail: info@schoeningh.de
Internet: http://www.schoeningh.de

Hinweise für die Eltern, Lehrer, ...

Die Einführung der neuen Rechtschreibung hat eine gewisse Unsicherheit bei denen hervorgerufen, die traditionell dem Kind beim Erlernen der Rechtschreibung zur Seite standen. Deshalb ist dieses Lernprogramm so entwickelt worden, dass der Schüler bzw. die Schülerin eigenständig damit arbeiten kann.

Die Übungslektionen enthalten bereits alle notwendigen Erklärungen und Hilfen. Der verwendete Aufbau vom Bekannten zum Neuen, von der Hauptregel zur abgeleiteten Regel, vom Leichten zum Schwierigeren erleichtert dem Benutzer das Verständnis für die zugrunde liegende Logik der deutschen Rechtschreibregeln.

Das Programm ist komplett und übergeht keine Schwierigkeit, die der Schullehrplan vorsieht. Kurzweilig, spielerisch und variierend wird der Lernstoff auf mehreren Wegen dem Langzeitgedächtnis zur Speicherung angeboten.

Hilfreich ist es dabei, wenn der Lernende innerhalb eines Kapitels der Nummerierung der Tageslektionen folgt. Jede Lektion sollte in durchschnittlich 10 bis 20 Minuten zu schaffen sein – was der Konzentrationsfähigkeit eines Kindes entgegenkommt. (Kurzes, aber dafür regelmäßiges Üben erleichtert den Lernvorgang.)

Die im Buch enthaltenen Schreibaufträge sollten nicht abgekürzt werden. Denn Rechtschreiben lernt man über das Schreiben!

Das Geschriebene muss überprüft werden, weil sich der Lernende nichts Falsches einprägen soll. Dazu ist dieses Lösungsheft hilfreich. Manche Kinder können damit im gedachten Sinne umgehen. Andere jedoch sind versucht vorzeitig hineinzuschauen. Sie – als Eltern oder Lehrer – werden abschätzen können, ob und wann Sie das Lösungsheft aus Ihrer Hand geben dürfen.

Zu den Seiten 11-16

Lösungen

Unterscheidendes Sprechen

S. 11, Ü 4: Eule – Heu – Säle – Beeren – Engel – Säge – Hai – leise

Gleich und ähnlich klingende Vokale (und Doppellaute)

S. 12, Ü 1: Spielhäuser (Haus) – vollständig (Stand) – Wänden (Wand) – hängen (Hang) – Häkchen (Haken) – Väschen (Vase) – Blumensträuße (Strauß) – Händen (Hand) – Kämmchen (Kamm) – Schräubchen (Schraube) – Gegenstände (Gegenstand) – Gämsen (Gams) – Lämmer (Lamm) – Mäulern (Maul) – Bäche (Bach) – Bäume (Baum) – Sträucher (Strauch) – älter (alt)

S. 12, Ü 2: Kalb – Haut – Garten – Rand – Taube – Angst – zahm – alt – Gams – Schnauze – blau – Stange – Lamm – Zahl

S. 13, Ü 3: Apfel – Äpfel; Acker – Äcker; Garten – Gärten; Ball – Bälle; Rad – Räder; Bank – Bänke; Blatt – Blätter; Lamm – Lämmer; Dach – Dächer; Unfall – Unfälle; Wand – Wände; Gans – Gänse; Laden – Läden; Hand – Hände; Land – Länder; Stadt – Städte

S. 14, Ü 4: Häuschen – Haus; Fäuste – Faust; Schläuche – Schlauch; Bäuche – Bauch; Häutchen – Haut; Sträuße – Strauß;

Abstellräume – Fahrradschläuche – Gebäude – Feuerstelle – Verbeugung – Spitzmäuse – Gartenzäune – Scheuermittel – Urlaubsträume – Jagdbeute – Weihnachtsbäume – Scheune

S. 14, Ü 5: Die Männer von der Feuerwehr
Wenn eine Scheune brennt oder das Wasser im Keller steht, wenn spielende Kinder in Schächte stürzen, wenn bei Sturm einem Gebäude das Dach wegfliegt – wen rufen die Leute? Die Feuerwehrmänner! Bei einem Einsatz müssen sie über Dächer von Hochhäusern klettern, Türen öffnen oder Gefahrgut mit Winden und Kränen bergen. Vieles sieht abenteuerlich und gefährlich aus und nicht selten riskieren sie ihr Leben. Manchmal müssen sie sich über Schaulustige am Unglücksort ärgern, die nicht zum Helfen oder Aufräumen kommen, sondern nur zuschauen wollen.

S. 16, Ü 6: Bäume – Gräuel – Läuse – Fäule – Käufer – säubern;
Reue – Feuer – Beute – Leuchte – Beule – Spreu;
Bäuerin – Räuber – Läuse – Freund – Gäule – neun – Scheune – Träume – Keule – Zeugnis

Gleich und ähnlich klingende Konsonanten

S. 17, Ü 1:
- An der Grenze zeige ich den Pass vor.
- Danach muss ich den Koffer auspacken.
- Peinlich, wenn dann der Zoll etwas findet.
- Ein paar Bücher nehme ich immer mit.
- In ausgetrockneten Sümpfen kann Torf abgebaut werden.
- Der Deich schützt das Land vor dem Meer.
- Er hat sich leider nicht von seiner besten Seite gezeigt.
- Der Igel lag wie tot unter dem Laubhaufen.

S. 17, Ü 2: sinken – Krippe – Kreis – Klinke – Enkel

S. 18, Ü 3: Hein Blöd erzählt
Tja, heute hab ich mich selbst gelobt. Denn ich hab meine Hobelbank sauber gemacht. Dazu holte ich 'nen Besen aus dem Schrank und den Putzlumpen, der im Korb war. Dann reinigte ich damit auch die Deckplanken und unser Essgeschirr. Unter Deck blieb ich bis zum Abend, weil ich den Ausgang nicht fand. War bitterkalt im Schiffsbauch. Aber ein Held der sieben Meere weiß zu leiden, ne!

S. 18, Ü 4: Körbe – Stäbe – Gänge – Räder – Zelte; sagen – heben – geben – haben – piepen; lieber – kränker – öliger – fröhlicher – runder

S. 19, Ü 5: gibst (geben) – bleibt (bleiben) – färbt (färben) – pumpt (pumpen) – hupt (hupen) – liebst (lieben) – siebt (sieben) – klebt (kleben) – geliebt (lieben) – gewebt (weben) – schwebt (schweben) – schiebt (schieben) – lebt (leben)

S. 20, Ü 6: borgt (borgen) – wirkt (wirken) – sägt (sägen) – winkst (winken) – merkt (merken) – springst (springen) – stinkt (stinken) – hereingelegt (hereinlegen) – bewegt (bewegen) – quakt (quaken) – blinkt (blinken) – singt (singen)

S. 20, Ü 7: Treibstoff (treiben) – Gelbsucht (gelber als) – Kalb (Kälber) – Halbbruder (halbe) – taub (tauber) – Lump (Lumpen) – Staubtuch (staubig) – Wanderstab (Stäbe) – Reibeisen (reiben); Fahrrad (Räder) – Pferd (Pferde) – blöd (blöder) – Welt (Welten) – Radrennen (Räder) – Gewalt (Gewalten) – mild (milder) – Geldschein (Gelder) – Rathaus (Räte); hügelig (hügeliger) – lang (länger) – Sieg (Siege) – Bankkonto (Banken) – Zwerg (Zwerge) – Drilling (Drillinge) – spitzwinklig (spitzwinkliger) – Blinkleuchte (blinken) – Parkuhr (parken)

S. 21, Ü 8: Liebe Freunde!
Ich versuche euch seit einer Woche zu erreichen, aber ihr seid anscheinend nie zu Hause. Seid ihr etwa verreist? Es gibt nämlich seit vorgestern im Vorverkauf Eintrittskarten fürs Konzert von Bonny B!

Zu den Seiten 22-25

Wahnsinn! Ich möchte ihn unbedingt live sehen. Seid ihr auch interessiert? Dann antwortet schnell! Seit Tagen kreisen meine Gedanken um Bonny B. Ich bin happy, seitdem ich seine neue CD im Schrank habe. Der Sound ist echt super. Bitte seid so gut und lasst mich nicht weiter zappeln! Meldet euch sofort!   Tina

S. 22, Ü 9:

g (am Wortende)	k (am Wortende)	ch (am Wortende)
Zweig (Zweige)	Technik (Techniken)	Besuch (Besuche)
Weg (Wege)	Schrank (Schränke)	Krach (Kräche)
billig (billiger)	Klinik (Kliniken)	Hauch (Hauche)
bergig (bergiger)	Fabrik (Fabriken)	Buch (Bücher)
Essig (Essige)		Kelch (Kelche)
Montag (Montage)		Streich (Streiche)
Käfig (Käfige)		frech (frecher)
Pfennig (Pfennige)		Spruch (Sprüche)
Beitrag (Beiträge)		Fittich (Fittiche)
Sieg (Siege)		Dach (Dächer)
lag (liegen)		Teppich (Teppiche)
richtig (richtiger)		

S. 23, Ü 11:

Endung -ig	Endung -lich
bärt/ig – einz/ig – einfält/ig – vorsicht/ig – ehrwürd/ig – droll/ig – winz/ig	freund/lich – gemüt/lich – herr/lich – ordent/lich – sicht/lich – unverzüg/lich – lieb/lich – eigent/lich – tatsäch/lich – abend/lich – fürst/lich

S. 24, Ü 12: bockig – durstig – glücklich – feierlich – moosig – ehrlich – herbstlich – staubig – fleckig – fleißig – lustig – schmerzlich – sumpfig – trotzig – schriftlich – sportlich – dreißig

S. 24, Ü 13: Ausflugsdampfer – Unterschlupf – Schnupftabak – Schöpfkelle – Strumpfband

S. 25, Ü 15: Zwei Laubfrösche
Zwei Frösche wanderten durch einen Bauernhof und fanden beim letzten, fahlen Lichtschein die Pforte, die zu den Vorratsräumen führte. Dort war ein Gefäß mit Milch zum Abrahmen aufgestellt. Sogleich hüpften sie hinein und ließen es sich freudig schmecken. Nur heraushüpfen konnten sie nicht mehr aus dem großen Napf, da sie schwammen und die Wände glatt waren. Tapfer mühten sie sich mit den Beinen, aber sie rutschten stets in ihr flüssiges Gefängnis zurück. Stunde um Stunde strampelten die Verzweifelten in der Milch, bis die Schenkel ermüdeten und es ihnen im Kopf ganz dumpf wurde. Der

erste Frosch schlief ein und versank. Der zweite strampelte noch weiter. Tatsächlich spürte er zuerst einige Butterflocken in der Milch, dann bildeten sich richtige Klümpchen. Von denen konnte er sich mit letzter Kraft abstoßen und auf den Rand springen, wo er erschöpft die Milch von sich abtropfen ließ.

S. 25, Ü 16: Waldarbeiter
Auf einem moosigen Pfad suchen sich die Holzfäller ihren Weg durch den Wald. Einer führt ein Pferd am Zügel. Am frühen Morgen ist das Licht noch fahl. Hier und da fliegt ein verschreckter Vogel auf. Hinter einer Kurve kommen die Arbeiter ans Ziel. Das Pferd wird angepflockt und kann fressen. Zwischenzeitlich tun die Arbeiter ihre Pflicht. Mit Äxten und Sägen fällen sie die kranken Bäume. Dann zieht das Pferd die Stämme zum Hauptweg. Dieses Verfahren schont den Waldboden am meisten. Es wird aber nur noch selten angewandt.

S. 26, Ü 18: Ventil – Villa – Vitamine – Vene – Proviant – Vatikan – Vanille; Violine – Karneval – Universität – Sklave – Veilchen – Vulkan

S. 28, Ü 20: vergeben – vorgeben – versprechen – vorsprechen – verbieten – vollbringen – vorbringen – verbringen – vollenden – verenden – vorgehen – vergehen – vollziehen – vorziehen – verziehen – vorsagen – versagen – vergessen

S. 29, Ü 21: Davids Schwester erzählt
Bei meinem letzten Ferienjob musste ich von morgens bis abends arbeiten. Die Suche nach einer lockeren Arbeit war vergebens. Solche Stellen werden immer knapper, wenn man abseits einer Großstadt wohnt. Bald könnte die Suche vollends zum Problem werden. Bisher habe ich aber stets Glück gehabt.

S. 29, Ü 22: unvorsichtig – königlich – täglich – bärtig – ungemütlich – sommerlich – trotzig – hässlich – goldig – verständlich – bedauerlich – zornig – fleißig – farbig – rötlich – farblich – wässrig – schriftlich – vielseitig – mündlich – gründlich

S. 30, Ü 23: Die Schatzsuche
Gestern Abend sind wir, Tom, Tanja und ich, noch einmal zur Sandgrube gelaufen um dort auf Schatzsuche zu gehen. Tanja riet uns eine Schaufel mitzunehmen. Mit viel Geduld gruben wir ein rundes Loch, wo der Sand etwas rötlich schimmerte. Endlich gerieten wir auf etwas Festes. „Eine Schatzkiste!", jubelten Tom und Tanja. „Ihr seid verrückt", sagte ich, „das ist höchstens eine wertlose Zigarrenkiste." „Ihr werdet staunen!", tönte Tanja und zwinkerte Tom zu. Umständlich und langsam buddelten beide die kleine Kiste aus, kicherten dabei oft, so dass ich ganz ungeduldig wurde und sie gespannt anfeuerte: „Ihr seid lahme Schnecken, ihr wart am Anfang schneller! Los! Zeit ist Geld!" Unter meinen „gescheiten" Ratschlägen wurde die Kiste geöffnet: Ein

Zu den Seiten 30-37

Kamm, ein Bild, ein Schulheft, ein Puppenkleid ... – Aber wieso stand Tanjas Name auf dem Heft? – Oh, die beiden hatten mich hereingelegt!

S. 30, Ü 24: Freunden – fröhliches – Pfingstfest; Viele – Straßenverkehr – Vorbild; vergiften – Flüssigkeiten – Pulvern; Schneeflöckchen – fliegst; Sklaven – vollständig – Provinzen; Bummelbahnfahrt – pflücken; Goldfund; Klavier– und Violinunterricht – privater – dafür; vielseitiges – Vertrauen – Pfarrer – erfolgreich; Vieh – fiel – Veilchen – fraß; Verhandlung – fertig – Vetter – freisprechen

S. 32, Ü 25: Bratapfel – Brot – Lebkuchen – Sieb – Bank;
Reibe – Korb – Topf – Staubtuch – Schöpfkelle

Schwierige Konsonanten

S. 34, Ü 1: du siehst – sehen; sie näht – nähen; er ruht – ruhen; er dreht – drehen; es geschieht – geschehen; ihr steht – stehen

S. 35, Ü 2:

Infinitiv (Gundform)	Präsens (Gegenwart)	Präteritum (Vergangenheit)	Substantiv/ Nomen
dre-hen	ich drehe du drehst er dreht ihr dreht wir drehen	es dehte ihr drehtet wir drehten	Drehung Drehscheibe Dreherei
gesche-hen	es geschieht sie geschehen	es geschah sie geschahen	Geschehnis
lei-hen	ich leihe du leihst er leiht ihr leiht	ich lieh ihr lieht du liehst er lieh	Leihbücherei Verleih Leihgebühr

S. 36, Ü 3: drohst (drohen) – ziehst (ziehen) – getan (tun) – floh (fliehen) – beruhigt (Ruhe) – geschah (geschehen) – frühmorgens (Frühe) – Kuh (Kühe) – ausgeruht (Ruhe) – muhen – verschmähten (verschmähen) – hörte (hören) – Mähdrescher (mähen) – krähte (krähen) – Wütend (Wut) – Frühstückskaffee (Frühe) – verbrühte (verbrühen)

S. 37, Ü 4:
Es gibt zwei Arten von h: das ⃞ Laut ⃞ -h
das ⃞ Dehnungs ⃞ -h

Das ⃞ Laut ⃞ -h kann man bei der Silbentrennung hören.

Zu den Seiten 37-44

Hans zieht wandernd durchs Tal und biegt zum Fluss ab, wo er einen Biberbau sieht. Um diesen ausgiebig beobachten zu können, kniet sich Hans nieder. Doch der Biber wittert ihn und flieht.

S. 37, Ü 5: Die gute Nachricht: Beim Zahnarzt tut es nicht weh! Vor dem Besuch war ich noch unruhig und zitterte bis zu den Schuhen. Aber die Untersuchung zeigte: Außer Putzen muss ich nichts tun.

Im späten Frühling schaut der Bauer nach dem Feld, auf dem er gesät hat. Gott sei Dank – die Saat geht auf. Würde er Unkraut entdecken, müsste er es kurz mähen oder alles unterpflügen! Dann wäre es allerdings höchste Zeit erneut zu säen.

S. 38, Ü 7: Rose – Lose; Vasen – Rasen; Schleuse – Reuse; Reise – Preise; Wiesen – niesen

S. 40, Ü 8: Singen – Ameise – emsig – Pause – Gräser – Moose – Samenkörner – sammeln – Speise – sollte – Sie – Sonne – sang – Weisen – Amseln – Hasen – Meisen – Gesang – kostenlose – Musik – sorglose – gesammelt – Linsen – Hasen – Gemüse – Sehr – abweisend – Sommer – gesungen – Sängerin

S. 40, Ü 9: Glas – Gleis – Preis – Maus – Gas;
Lose – Moose – Gänse – Häuser – Kreise

S. 41, Ü 10: Gaswerk (Gase) – Bremsklötze (bremsen) – Gedichtvers (Verse) – Nashorn (Nase) – Losverkäufer (Lose) – Sparzins (Zinsen) – Spaßvogel (Späße) – Kreisverkehr (Kreise) – Hinweis (Hinweise) – furchtlos (furchtloser) – Moosblume (Moose)

S. 42, Ü 11: Es heißt: Spaßvogel
löst (lösen) – raste (rasen) – graste (grasen) – reist (reisen) – düst (düsen) – blies (blasen) – döst (dösen) – vermiest (vermiesen) – schmust (schmusen) – zerzaust (zerzausen)

S. 42, Ü 12:

mit ss	mit ß
Leckerbissen – genoss – Drosseln – genossen – dass – bissig	fleißige – spaßiges

S. 43, Ü 14: grüßt – beißt – gießt – schießen – schließt – genießen – ungenießbar

S. 44, Ü 15: Nichts gegen die Schule
Kaum einer, der heute zur Schule gehen muss, weiß, was für eine große Errungenschaft die allgemeine Schulpflicht ist. Noch vor 300 Jahren war der größte Teil des Volkes von den Erkenntnissen der Wissenschaft ausgeschlossen. Denn das Wissen blieb vor allem denen vorbe-

Zu den Seiten 44-49

halten, die reicher waren und einen gewissen Wohlstand besaßen. Nur sie konnten sich im Lesen und Schreiben unterweisen lassen.
Außerhalb der Kirchen und ihrer Schulen besaß kaum jemand gedruckte Texte. Wissen bedeutete in dieser Zeit auch Macht. Wer lesen konnte, war den anderen überlegen. Heute ließe sich keine Schülerin und kein Schüler mehr so bevormunden wie die Bauern und Handwerker in jener Zeit. Schließlich können sie nachlesen, was ihre Rechte sind. Es soll jedoch auch heute noch einige geben, welche die Schule nicht gerade genießen und für überflüssig halten.

S. 44, Ü 16: Kuss – Amboss – Geschoss – Fluss – Bass – Koloss; Imbiss – Genuss – Ass – Verschluss – Pass – Riss; Entschluss – Nuss – Überdruss – Schuss – Vorschuss – Zuschuss

S. 45, Ü 17: unpässlich – passen; ungewiss – wissen; unermesslich – messen; moosgrün – Moose; flussabwärts – Flüsse; Häschen – Hase; nasskalt – Nässe; Preisschild – Preise

S. 45, Ü 18: Schleusen – ergoss – Wiesen – nass – Gras – Gusses – nachließ – unverdrossene – reißenden – Fluss – gerissen – brauste – kräuselte – bisschen

S. 46, Ü 19:
- Wer eine Weltreise macht, lernt viele Völker und Rassen kennen.
- Die Chinesen essen gern Hühnerfleisch.
- Viele Deutsche rasen mit ihren schnellen Autos.
- In Italien gibt es Städtchen mit tausend kleinen Gassen.
- In der Sahara ist Wasser eine Kostbarkeit.
- Die Japaner speisen manchmal im Sitzen auf dem Boden.
- In manchen Ländern wird auch ohne Messer und Gabel gegessen.
- Franzosen preisen gern ihre Kochkünste.

S. 47, Ü 21: Quatsch – quitt – Quadratmeter – quatscht – Qualm – Quarzuhr – Quecksilber – Queen – Quittung

S. 47, Ü 22: eine gummiartige Knetmasse – der kaputte Fernseher – der verdrehte Arm – es geschieht zur Weihnachtszeit – ein Buch ausleihen – das Muhen der Kühe – der Ritter kniete nieder – immer Gutes tun – der angenähte Knopf – die qualvolle Anstrengung – eine Feuerqualle im Meer – ein leckerer Früchtequark – vor Vergnügen quietschen – 1 000 Quadratkilometer Ackerland – Queen Elizabeth aus Großbritannien

S. 49, Ü 25: genießt – Klöße; Imbissbude; Bass; groß; Spieß; Koloss; bissigen – spaßen – beißt; musste – Geldbuße; Hausbesitzer – muss – Dachgeschoss – lassen; Preisausschreiben – heißen; Ausweis – Reisepass – überflüssig; Schlossturm – Mauerriss; reißen – Straßenverkäufer – aus

Zu den Seiten 50-58

Lange Vokale

S. 50, Ü 1:

ohne Dehnungszeichen	mit Dehnungs-h	mit Vokalverdopplung	mit ie
Düne – Bote – Rose – Qual – Kur – Wal – Scham – Leser – Bluse	Fähre – Zahl – Entbehrung – Fehler – stöhnen – Fahne	Teer – Schnee – Moor – Speer – Saat – Tee – Moos	Fieber – Spiegel – Tier – Bier – Grieß – Kies

S. 52, Ü 3: 1. Banane; 2. Haken; 3. Kran; 4. Maler; 5. Sandale; 6. Untertan; 7. Tal; 8. Laken;
Schale – Name – Banane – Braten – Nähfaden – Bettlaken – Untertan

S. 53, Ü 5: Qual – schwer – klären – Träne – dämlich – mir – Igel – Pärchen – Schale – Haken – Braten – Schwan – Star

S. 54, Ü 6: waagerecht: Bär – Märchen – Liter – Späne – Hering – Schere – Kamel; senkrecht: Tiger – gären – Kilo – Beschwerde – selig – dir – Bibel

S. 55, Ü 8: Dom – Pistole – Honig – Pastor – Spion – Sporen – Tomate; Blüte – Ungetüm – Spülmittel – Schnürchen – schüren – grün

S. 55, Ü 9: Blüte – spüren – Flur – Schnur – hören – Ton – schmoren – Pistolen – Spion – Schere – schämen – stur – Strom – Krone

S. 56, Ü 10: waagerecht: König – Kram – Dame – Mond – Maler – säen – Spur; senkrecht: Krone – Öl – Gram – Amen – am – holen – Maden – Drüse – tun – Po

S. 57, Ü 11: Kohle – Ruhrgebiet – Pfähle – Holzbohlen – gebohrt – Grubenbahn – hohle – Fuhre – Eisenbahnwaggons – Kähnen – Steinkohle – Währung – Kohle – eingeführt – Einnahmen

S. 58, Ü 12:
- Wie oft sollen wir den Müller noch ermahnen das Korn gründlich zu mahlen!
- Cowboys aßen gern dicke Bohnen.
- Gleisarbeiter mussten Löcher in die Bohlen bohren.
- Wegen seines Aussehens soll man niemand verhöhnen.
- In der Höhle ist es dunkel.
- Hoffentlich wird er seinem frechen Sohn nicht den Hintern versohlen!
- Das Industriegebiet an der Ruhr genoss weltweiten Ruhm.
- Früher sagte man zum Onkel „Oheim" oder „Ohm".

Zu den Seiten 58-63

- Mit dem Ohr hört man.
- Wer konnte ahnen, dass die Affen den Zoodirektor nachahmen würden!

S. 58, Ü 13: l, m, n, r heißen die vier Konsonanten;
Wahl – Wahn – Wahrheit; Kahlkopf – Kahn; Lehren – Lehnen; Zahn – Zahl – zahm

S. 59, Ü 14: Kran – Flur – Krone – bequem – Sporen – Schwan – Spülen – Möhren

S. 60, Ü 15: Die Sole ist Salzwasser. Durchs Wandern ist die linke Sohle schon ganz abgelaufen.
„Müller" ist ein häufiger Nachname. Eine Postsendung, für die man beim Empfang bezahlen muss, nennt man Nachnahme.
Der Trainer sagt denen, die ihre Muskeln nicht dehnen, dass sie sich verletzen können.

S. 61, Ü 18:

Infinitiv (Grundform)	Präteritum 3. Pers. Sing.	Plusquamperfekt 2. Pers. Sing.
rasen	er raste	du warst gerast
fahren	er fuhr	du warst gefahren
quälen	er quälte	du hattest gequält
wühlen	er wühlte	du hattest gewühlt
toben	er tobte	du hattest getobt
befehlen	er befahl	du hattest befohlen
sparen	er sparte	du hattest gespart
wählen	er wählte	du hattest gewählt

S. 62, Ü 19: holen – holte; spülen – spülte; fehlen – fehltet; wählen – wähltest; fühlen – fühlte; befehlen – befahl

S. 62, Ü 20:
- Der Papagei wollte Claudias Stimme nachahmen.
- Der Rahmen des Bildes war vergoldet.
- Benimm dich, du stehst vor einer Dame!
- Bring mir bitte Blumensamen für Dahlien mit!
- Wir wollen gemeinsam den Topf Rahmspinat leeren.
- Ihm, dem König, stand Ehre und Ruhm zu.
- Was Lisa genommen hatte, nahm auch Julia.
- Wann blüht die Sonnenblume?
- Wieder kam die Wahrheit zum Vorschein.
- Der Sohn meines Vaters soll sich besser benehmen!

S. 63, Ü 21:
- Paul ist der Sohn von Frau Kurz, einer lustigen Person.
- Der junge Sänger traf oft nicht den Ton.
- Gnädige Frau, darf ich Ihnen behilflich sein?
- Aus Gewohnheit lutsche ich gern Zitronen.

Zu den Seiten 64-76

- Die Sonne scheint in England viel zu wenig.
- Papa, da ist wieder der griesgrämige Mann am Telefon!
- Kentert der Kahn, freuen sich die Zuschauer.
- Die Kinder, denen das Boot gehört, sind oft am Fluss.
- In den Ferien sehne ich mich nach meinen Freunden.

S. 64, Ü 23: Bahre – Armbanduhr – ehren – Tor – hingeführt – bohren

S. 65, Ü 24: Uhr – Zahn – Schwur – Kahn – Höhle – Kran – Spüle – Spur – Schal – Zitrone – Wal – Sehne

S. 66, Ü 25: paar – Haare – Klaas – Haarwuchs; leeren – Kaffee – Tee – Fee – Beeren – Klee – Teer – Idee; Moor – Moos; Paar – Waage – Zoo – See – Boot – Saale – Saar – Spree – Staat – Aachen – Aalen – Meer – Aal – Gelee – Saat – Beet – Lorbeer – Schnee – Allee – Armee – Heer – Speeren – Aas – Saal – krakeelen – Seele

S. 67, Ü 26: Kaffee – Saale – Teer – Allee – See – Heidelbeeren – Haare – Klee

S. 68, Ü 27: Mistbeet – Pfefferminztee – Personenwaage – verheerende Sturm – Pappelallee – Briefkastenleerung – seelische Erkrankung – staatliche Gesetzgebung

S. 68, Ü 28: Klee – Schnee – Teer – Meer – See – Tee – Speer – Kaffee – Beere – leer

S. 69, Ü 29: Fee – Früchtetee – Aal – Saal – Idee – Boot – Früchtetee – Boot – See – Fee – Haargummi – Moos – Beet – doof – Klee – leer – Saat – Kaffee – Speer – Zauberbeere – Waage – Allee – See – Zoo – Aas – Aal – Heer

S. 71, Ü 30: Faden – Name – Gram – Kram – Plan – Westfalen – Gefahr – sparen – Schere – schwer – holen – Hof – Krone – Seele – Strom – Blume

S. 75, Ü 37: Lied – Stiel – Riemen – Giebel – verlieren – Knie – Schiefer – Zierde – Fliege – vierzehn

S. 76, Ü 38: Studium – Diktat – Telefon – Frisur – Programm – Reparatur – Nummer; probieren – kontrollieren – addieren – musizieren – parfümieren – gratulieren – dirigieren

S. 76, Ü 39:

1. Nominativ: er (wer?)	ihr Mann	ihre Katze	Ihr Angebot
2. Genitiv: seiner (wessen?)	ihres Mannes	ihrer Katze	Ihres Angebots
3. Dativ: ihm (wem?)	ihrem Mann	ihrer Katze	Ihrem Angebot
4. Akkusativ: ihn (wen?)	ihren Mann	ihre Katze	Ihr Angebot

S. 77, Ü 40: Tiefsee – Tiefe – gibt – riesengroße – studieren – die – wir – niemals – kriegen – sie – spiegelnden – liegen – dieser – Tiefe – riesige – die – niedrig – nie – die – diese – Gebiete – Tiere – Tiefsee – liefern – ihrer – Riesenhai – sowie – Riesenkrake – Ihre – vielen – Kilo – diesen – niedlich

S. 78, Ü 42: Untertan – Name – Qual – Kran – Gram – zahm – Kram – Rahmsoße – Zwillingspaar – Kranich – Blauwal – Warenlager – Vorname – Samen – Sandale – Holzspan – Kunstmaler;
Gebärde – Hobelspäne – Zähmung – Rähmchen – nämlich – sich grämen – Gähnanfall;
Wagen – Graf – zahlte – bar – Waage – wahrhaft – Schicksal – tragen – Trage – Operationssaal

S. 79, Ü 43: Wer war es?
Er war ein namhafter Künstler, aber kein Maler; er war zuerst arm, dann durch seinen Erfolg sehr wohlhabend, weil er ein großer Kinostar wurde; mit sieben Jahren kam er schon zu seinem Beruf; er sprach in den Filmen wenig, war schweigsam und dennoch ein Liebling der Kinder, der Damen und ihrer Gemahle; er spielte immer die gleiche Figur: den armen Menschen, ja den Versager, der auf jeder Bananenschale ausrutscht; dennoch lachte man über ihn, wenn er mit seinen wahnsinnig großen Schuhen angelatscht kam, mit denen er flinke Haken schlagen konnte; ein wahrhaft traurig-komischer Held.
Sein Name: Charlie Chaplin

S. 80, Ü 44:
- Der Knabe hat zwar eine lange Nase, ist aber keineswegs naseweis.
- Der wahre Meister erkennt das Gewicht ohne Waage.
- Aus einem Warenhaus wurde Lachs und Räucheraal gestohlen.
- Im Bilderrahmen hängt ein Bild meines Urahnen.
- Sein Zahn schmerzt, wenn David Eis mit Sahne isst.
- Carmen schont nie ihren Malkasten und verbraucht planlos alle Farben.
- Im Märchen sprechen die Brummbären, die Esel und die Hähne.
- Der Tiger ist ähnlich gefährlich wie der Löwe.
- Der Zirkusdirektor zähmte das Ungetüm von Nilpferd.
- Wenn der Bus nur pünktlich käme!

Zu den Seiten 80-82

- Auf diesem Wäglein kann der Juwelier Gold wiegen.
- Alle gähnen, als wären sie müde.

S. 80, Ü 45:
- In den Sommerferien machen wir es uns zu Hause bequem.
- Jürgen war glücklich über die aufmunternde Rede des Lehrers.
- Im Heringssalat fehlte etwas Salz.
- Johannisbeeren ergeben eine prima Marmelade.
- In der leeren Kaffeekanne klebt noch ein schwarzer, teerähnlicher Bodensatz.
- Die Lehrbücher für Informatik sind sehr begehrt.
- Willst du den schweren Bierkrug in einem Zug leeren?
- Wisst ihr, dass es zu diesen Bibelstellen ganz moderne Kirchenlieder gibt?
- Den alten Besenstiel kann ich reparieren.
- Biber leben in Bächen und Flüssen.

S. 81, Ü 46:
- Man hat im Meer nach Öl gebohrt.
- So eine freche Person!
- Wegen seiner Farbe heißt der Schokokuss auch „Mohrenkopf".
- Dorothea wurde am ersten Oktober geboren.
- Oliver ist der Sohn von Olaf.
- Schon immer war es verboten, das Moor zu betreten.

Die zu ratende Person wurde in Polen geboren, als Sohn, nicht als Tochter; so war es ihr möglich, eine Art Pastor zu werden. Sie ging nach Rom, wo sie viele Jahre wohnte, bevor sie auf einen Thron kam. Dort zeigt sie sich mit einer Krone, ohne aber ein König zu sein.
Der Name: Papst Johannes Paul II.

S. 81, Ü 47:
- Der Spion war froh die verbotene Zone hinter sich gelassen zu haben.
- Die Eltern haben verboten sich dem sumpfigen Moor zu nähern.
- Der Königssohn war ein Narr und Tor, denn er verschmähte die Krone.
- Niemand wird zum Piloten geboren.
- Bei einer Erkältung wird empfohlen wegen der notwendigen Vitamine viel Orangensaft zu trinken.

Königin Kleopatra war betörend schön. So wollten zwei römische Herrscher diese gekrönte Frau verwöhnen. Sie lebte in einem außergewöhnlichen Luxus, bis sie durch einen Schlangenbiss getötet wurde. Es mag uns trösten, dass wir heute zwar weniger pompös leben, dafür aber fröhlicher und länger.

S. 82, Ü 48:
- Wer in der Schule immer nur stur paukte, erfuhr nicht das Wesentliche.
- Man kann mit dem Ruderboot auf der Ruhr schnurgerade in den Rhein gelangen.
- Das Häschen in der Grube fragt das Suppenhuhn: „Hat der Osterhase hier genug zu tun?"

Zu den Seiten 82-86

- Die purpurfarbene Blume wuchs in einer Sandkuhle ohne eine Spur von Wasser.
- Für gute Musik erntet mancher Komponist zwar Ruhm, aber wenig Geld.
- Mein Urgroßvater kaufte seine Uhren beim Uhrmacher Lehmann, wo heute ein Schuhgeschäft ist.
- Es grünt so grün, wenn Spaniens Blüten blühen.
- Der Kranke spürte bei schwülem Wetter sein Knie.
- Wild und ungestüm führte sich der Elefant hinter der Zirkusbühne auf.
- Wir finden es rührend, wie ihr für die alte Dame gesorgt habt.

S. 82, Ü 49: Heer – Waage – Moor – Reede – lehren – Meer – selig – Mahl – Sole – malen – Nachnahme

Kurze Vokale

S. 84, Ü 1:

Doppelkonsonant nach kurzem, betontem Vokal	Verschiedene Konsonanten nach kurzem, betontem Vokal
Hütte – Herr – besann – Wasser – fasste – hatte – rettenden – hellgrüner – ergriffen – Himmel – herrliche – sattelte – Rappen – still – konnte – erkennen – verworren – Gestrüpp – Blätter – schloss – umschlossen – Treppe – Schwelle – starr – Spinnrad – versonnen – innigen – Kuss – gellend – Stimme – Verdammt – soll	Prinz – ärmlichen – Wald – als – Macht – lang – Tapferkeit – letzten – Frosch – erwachte – dankte – verwunschenen – Ranken – hundert – tapferer – sprang – Ast – gewaltigem – drang – hüpfte – überwand – Antlitz – erklang – nicht – sind

S. 86, Ü 3:

mit *langem* Vokal	mit *kurzem* Vokal	mit *langem* Vokal	mit *kurzem* Vokal
der Schal	der Schall	die Saat	satt
die Höhle	die Hölle	schief	das Schiff
lahm	das Lamm	die Bahren	der Barren
das Heer	der Herr	dem Sohne	die Sonne
der Wal	der Wall	die Robe	die Robbe
die Hüte	die Hütte	der Staat	die Stadt
die Hasen	das Hassen	die Rose	die Rosse

S. 86, Ü 4: Krawatte – Fregatte – Matte – Latte;
nippen – Krippen – Klippen – Sippen – Rippen – wippen – tippen – kippen – Grippen – Lippen – Strippen

S. 87, Ü 5:   Stelle – Zelle – Felle – Welle – Geselle;
Schelle – Schwelle – Quelle – Forelle – Gestelle

S. 87, Ü 6:   Barren – harren – scharren – knarren – Zigarren – starren – Gitarren;
zum Beispiel: gaffen – paffen – raffen – Pfaffen – Waffen

S. 88, Ü 7:   Grundwort: kennen

S. 89, Ü 9:   Grippe – Rippe – Puppe – Suppe – Wippe – Tipp – Depp – Stopp – Mopp – Mappe – Pappe – Lippe – Sippe – Gruppe

S. 89, Ü 10:

mit tz	mit ck
Gesetze – entsetzlichen – unterschätzt – Nutzen – geschützt – Metzger – gesetzlich – Schmutzige – schwitzen – Grützwürste – Schnitzel – Metzgerei – schützen – Schmutz – Mützen – Haarnetze	Schluck – ansteckt – Bäcker – fleckige – Backwaren – gebackenes – Folienverpackung – Leinendeckchen – Knackwürstchen – Speckstücke – steckt

S. 91, Ü 11:   Blitz – Glatze – Netz – Spritze – Schütze – Tatze – Ritze – Stütze – Spitze;
reizende – besitzt – Gasheizung – Sonnenschutz – kreuzförmige – protzig – Dutzend – ungeputzte – Mauerritzen

S. 92, Ü 12:   Der Erbonkel
Mein Erbonkel, der alte Geizhals, ist so geizig, dass er im Winter die Heizung abstellt um Kosten zu sparen. Dann sitzt er mit Wintermantel und Pudelmütze im Bett und knabbert Weizenbrot. Beim Spaziergang am letzten Sonntag schimpfte er über Energieverschwendung, weil die Ampeln an den Kreuzungen in alle vier Richtungen leuchteten! Kürzlich musste er aus dem Kühlschrank gerettet werden, mit entsetzlichen Erfrierungen. Er hatte überprüfen wollen, ob die Kühlschrankbeleuchtung beim Schließen völlig erlischt! So triezt er mit seinem Geiz alle Verwandten, schimpft über alle „Verschwender", schnauzt grundlos Nachbarn an, die dann gereizt auf sein Erscheinen reagieren. Der alte Kauz wird mir später höchstens seine Matratze vererben!

S. 92, Ü 13:   Backe – Bock – Brocken – Dackel – Fackel – Mücke – Stock;
Stecker – Acker – Deckel – Glück – Locke – Sack – Pickel

S. 93, Ü 14:   Pelzmantel – Tanzmusik – Schmerztablette – Glanzpapier – Grenzzaun – Märchenprinz – Malzbier – Gänseschmalz;
Briefmarken – Dachbalken – Gewürzgurken – Nelken – Gartenharke – Schiffsanker – Turmfalke – Henkeltopf

Zu den Seiten 94-98

S. 94, Ü 15: • Bevor man mit Fieber und Gliederschmerzen zum Arzt geht, sollte man die heilenden Hausmittel ausprobieren: Schwitzkuren und Wadenwickel mit Salzwasser.
• Pelztierzüchter schätzen den Nerz. Bei diesem wird auch das Schwanzfell genutzt.
• Wenn ich mit meinem Schatz tanze, spüre ich keine Zahnschmerzen mehr, weil er mir immer wie eine Dampfwalze auf den Zehen steht.
• Im März hat Otto einen Sturzsprung ins Schwimmbecken gemacht; kurze Zeit später wurde dann das Wasser eingelassen!

S. 94, Ü 16: Antwort: l, m, n, r; Antwort: hinter kurzen Vokalen; Antwort: z und k

S. 95, Ü 17: Mein mondsüchtiger Onkel Dirk
Seit Jahren lebt Onkel Dirk mit seiner schicksalhaften Erkrankung. Wenn der Vollmond durch die Wolken bricht, richtet sich mein Onkel schlaftrunken auf und geht, ohne zu stocken, im Nachthemd aus dem Haus. Traumwandlerisch entdeckt er den kürzesten Weg zum Park. Obwohl er sonst merklich hinkt und tollpatschig wirkt, ist er in diesem Zustand gelenkig wie eine schlanke Ranke. Mit unfasslicher Stärke hangelt er sich am Astwerk empor, nutzt auch den Halt an den borkigen Rinden der Korkeichen dazu, seinem schrecklichen Ziel näher zu kommen: dem Mond! Gott sei Dank, es ist ihm glücklicherweise noch nie etwas passiert. Wenn er vom Baum stürzen oder verunglücken würde – was sollte er im Krankenhaus erzählen?

S. 95, Ü 18: Schnauze – Heizung – reizend – Waldkauz – Geizhals; Spatz – Schatz – Platz – Latz

S. 96, Ü 19:
backen:	Bäcker	schlitzen:	Schlitz
drucken:	Druck	schätzen:	Schatz
blinken:	Blinker	schwatzen:	Schwatz
blicken:	Blick	verletzen:	Verletzung
hocken:	Hocker	geizen:	Geiz
rücken:	Ruck	schnäuzen:	Schnauze
Kalk:	kalken	Scherz:	scherzen
Ulk:	verulken	Sturz:	stürzen
Dank:	danken	Glanz:	glänzen
Funk:	funken	Pflanze:	pflanzen
Park:	parken	Walze:	walzen/wälzen
Stärke:	stärken	Salz:	salzen

S. 96, Ü 20: Warum; Womit; Hiermit; dahin; an; im; in; um – herum – um; daran – in; In – um – um – herum; Um – ins; ans

S. 98, Ü 21: Man; Mann; man – man; Mann; Mann; man; man – man; Mann; Mann

Zu den Seiten 98-101

S. 98, Ü 22:

männlich	weibl. Singular	weibl. Plural
der Meister	die Meisterin	die Meisterinnen
der Lehrer	die Lehrerin	die Lehrerinnen
der Löwe	die Löwin	die Löwinnen
der Sänger	die Sängerin	die Sängerinnen
der Chef	die Chefin	die Chefinnen
der Schauspieler	die Schauspielerin	die Schauspielerinnen
der Hund	die Hündin	die Hündinnen
der Prinz	die Prinzessin	die Prinzessinnen
der Bauer	die Bäuerin	die Bäuerinnen
der Professor	die Professorin	die Professorinnen

S. 99, Ü 23: a) Gesamtschule – gesamten – Sämtliche – gesamte – samt;
b) Briefmarkensammler – zusammen – Briefmarkensammler – zusammen – Sammleralbum – versammeln – Sammlerfreunden

S. 100, Ü 24:

Infinitiv	3. Sg. Präsens	3. Sg. Präteritum	3. Sg. Perfekt
kommen	er kommt	er kam	er ist gekommen
treffen	er trifft	er traf	er hat getroffen
fallen	er fällt	er fiel	er ist gefallen

S. 101, Ü 25:

reiten	sie reitet	sie ritt	sie ist geritten
leiden	sie leidet	sie litt	sie hat gelitten
greifen	sie greift	sie griff	sie hat gegriffen
kneifen	sie kneift	sie kniff	sie hat gekniffen
pfeifen	sie pfeift	sie pfiff	sie hat gepfiffen
schreiten	sie schreitet	sie schritt	sie ist geschritten
schleifen	sie schleift	sie schliff	sie hat geschliffen
gleiten	sie gleitet	sie glitt	sie ist geglitten
schneiden	sie schneidet	sie schnitt	sie hat geschnitten

S. 101, Ü 26:

essen	er isst	er aß	er hat gegessen
gießen	es gießt	es goss	es hat gegossen
messen	er misst	er maß	er hat gemessen
wissen	er weiß	er wusste	er hat gewusst
fließen	es fließt	es floss	es ist geflossen
lassen	er lässt	er ließ	er hat gelassen
vergessen	ich vergesse	ich vergaß	ich habe vergessen
beißen	sie beißt	sie biss	sie hat gebissen
schießen	ihr schießt	ihr schosst	ihr habt geschossen

Zu den Seiten 102-107

S. 102, Ü 27: Falke – Haken – Flanke – Imker – Gurke – Türke;
Acker – Recke – Deckel – Stecker – Stücke – Hecke

S. 102, Ü 28: Katzenjammer – Datenschützer – Prozentrechnung – Konzertharfe – Balletttänzerin – Stirnglatze – Nervenreizung – Schokoladenherzen – Hundeschnauze – Walzermusik

S. 102, Ü 29:
- Der Mann sagt, man solle schweigen.
- Bis auf wenige Ausnahmen sind Schlangenbisse gefährlich.
- Die Amme wird am Sonntag das Kind umsorgen.
- Bring dein Kissen, damit es gewaschen wird!
- Er fährt mit Gebrumm um Ulm herum.
- Im Hinblick auf eure Anfrage will ich innerhalb einer Woche antworten.
- Sie litt, da sie sich mit dem Messer in den Finger geschnitten hatte.
- Die Chefin suchte Französinnen als Köchinnen und eine flinke Serviererin.
- Sämtliche Schüler und die gesamte Lehrerschaft kamen zur Pausenversammlung um das Neueste zu hören.
- Der geizige Kauz nutzte kürzlich einen Freiplatz aus.
- Die dreckige Gartenharke warf Elke wirklich in die Ecke!

Silbentrennung

S. 104, Ü 1: bie-ten, prü-fen, ras-ten, Glo-bus, ba-cken, hin-schie-ben, Hun-de-schnau-ze; Kai-ser-kro-ne, Koh-len-pott, Mo-de-haus, Nach-sil-be, Hin-ter-hof; Maul-wurfs-hau-fen, Pin-sel-topf, Rau-fa-ser-ta-pe-te, Stadt-be-woh-ner, Schall-trich-ter, Au–to–bahn–brü–cke, A-ber-glau-be;
Straf-be-fehl, Ta-ge-buch-sei-te, Tau-send-füß-ler, Um-lauf-bahn, Völ-ker-ball, Was-ser-ei-mer

S. 105, Ü 2: Rob-be, knab-bern, Pad-del, Pud-ding, Af-fe, gaf-fen, Bag-ger, Dog-ge, fal-len, Pil-le; Ham-mer, kom-men, Kan-ne, Kam-mer, Klap-pe, kip-pen, Kar-re, klir-ren, Was-ser, müs-sen; Trot-tel, Wat-te, Bret-ter, Piz-za, rü-cken, ba-cken, zü-cken, We-cker, Ho-cker, wa-ckeln;
A-bend, O-fen, U-fer, E-le-fant, A-po-the-ke, I-gel

Großschreibung

S. 107, Ü 1: Der Revolverheld Django
Mit einem langen Ledermantel, einem tief in das Gesicht gezogenen Cowboyhut und klirrenden Sporenstiefeln steigt Django in die Straßenbahn. Er blickt dort in die Runde. Erschreckt fahren die Leute

zusammen. Auch dem Schaffner ist es sehr unwohl. Dennoch gibt er sich einen Ruck und bittet Django sehr höflich um das Fahrgeld. Dieser mustert den Schaffner finster: „Django zahlt heute nicht!" Der Straßenbahnschaffner zittert vor Ohnmacht und Wut, getraut sich aber nichts einzuwenden. Am nächsten Tag dasselbe Spiel: „Django zahlt heute nicht!" Nach drei weiteren Tagen ist der Schaffner völlig am Ende. Mit dem Mut der Verzweiflung fragt er: „Aber warum zahlt Django denn nicht?" Django schlägt seinen Mantel zurück – der Revolverknauf blinkt – ein durchdringender Blick – dann öffnet sich sein Mund: „Django zahlt nicht!" Django zieht lässig eine Monatskarte aus der Tasche.

S. 109, Ü 3: Die Grausamkeit der Wüste
Ein Mann irrt in der Wüste umher. Das Gehen schmerzt ihn, denn er läuft barfuß. Das Denken des Mannes kreist immer nur um das eine Wort: „Wasser!" – Nach drei Tagen im Wüstensand erspäht er am Horizont ein Flimmern, das zu einem Punkt anwächst und allmählich näher kommt. Schließlich steht ein Mann mit Bauchladen vor dem Dürstenden und möchte ihm eine Krawatte verkaufen. „Zum Teufel mit dir! Ich will Wasser! Wasser!", verscheucht er den Händler. Dem Verdursten nahe, erkennt er endlich am Horizont eine Oase. Mit unendlichem Bemühen, am Boden kriechend, erreicht er zuletzt ein wunderschönes Restaurant. „Wasser! Wasser!", röchelt er dem Kellner zu. „Kein Problem", meint der Kellner, „aber ohne Krawatte kommen Sie hier nicht herein!"

Eines der substantivierten Verben steht mit einem unbestimmten Artikel. Welches? ein Flimmern
Ein anderes steht mit seinem Artikel im Dativ (Wem?-Fall): dem Verdursten (nahe)
Wo muss der fehlende Artikel in Gedanken ergänzt werden: mit unendlichem Bemühen

S. 110, Ü 4: Das Poltern – Das Brummen – dem Musizieren – des Kletterns

S. 111, Ü 5: Schwingen – Turnen – Rennen – Werfens – Springen – Laufen – Schießen – Schwimmen – Umkleiden

S. 111, Ü 6:
- Ein Hämmern und Sägen war aus dem Kellerraum zu hören.
- Mit dem Betteln wird man selten reich.
- Das beste Mittel gegen schlechte Laune ist das Lachen.
- Wir alle lieben das Wandern auf der Schwäbischen Alb.
- Mit dem Schimpfen und Fluchen wirst du die Schrauben nicht herausdrehen können!
- Der schlitzohrige Verkäufer sagte: „Das Klappern gehört zum Geschäft!"
- Durch ein Anbrüllen ist noch niemand überzeugt worden.

Zu den Seiten 112-118

S. 112, Ü 7: bei dem Kauen – an das Fliehen – auf das Abstempeln – zu dem Lernen – bei dem Vorbereiten – auf das Malen – von dem Angeln

S. 113, Ü 8: fürs – das – ein – im – im – ein – ans – das – fürs – des

S. 114, Ü 9:
- Julia genießt samstags das Baden in der Wanne.
- Thomas möchte gern schwimmen gehen und tauchen.
- Man hört im Keller ein Poltern und ein Krachen.
- Vater sagt, seine neuen Schuhe seien zum Wandern viel zu schade.
- Ihr wollt bei Regen wirklich baden?
- Wir sollen doch nicht so laut reden!
- Das Rätsel ist durch Nachdenken zu lösen.
- Vom Aufräumen ist noch niemand gestorben.
- Sie schaffte die Prüfung mit Hängen und Würgen.
- Wir gehen jetzt mit dem Volleyball spielen.

S. 114, Ü 10:
- Die Kinder wünschen sich, dass sie Indianer wären und heute nicht in ihren Kindergarten gehen müssten.
- Herr Hase, tun Sie bitte nicht so, als wüssten Sie von nichts!
- Die Einwanderer nahmen ihre Koffer und ihre Taschen und betraten ihre neue Heimat.
- Wir danken Ihnen, Herr Pfarrer, für Ihre freundlichen Worte und laden Sie zum Kaffeetrinken ein.

S. 117, Ü 13: Liebe Frau Klawuttke! Liebe Martina!
Ich beglückwünsche Sie und dich ganz herzlich zu den Gruppensiegen beim Schachturnier. War das eine Überraschung, als ich in der Zeitung den Bericht entdeckte! Frau Klawuttke, Ihr Foto kam mir schon bekannt vor. Besitzt die Zeitung ein altes Passfoto von Ihnen, das sie schon bei einem früheren Bericht verwendet hat? Ich meine, Ihre Frisur wäre doch dieses Jahr anders. Aber dich, liebe Martina, habe ich sofort erkannt. Typisch Martina ist wieder dein verschmitztes Lächeln, wobei dir die Augen immer blitzen. War dein Vater stolz auf euch? Wann kommt es schon einmal vor, dass eine Mutter gleichzeitig mit ihrer Tochter gewinnt? Vielleicht kannst du, liebe Martina, mir einige Tricks verraten, damit ich unseren Nachbarn im Schach schlagen kann.
Viele Grüße   Karin

S. 118, Ü 14: Frühjahrsputz
Der Frühjahrsputz ist ein großes Ereignis. Man erkennt sein Herannahen schon an der Aufgeregtheit der ganzen Familie. Meine Mutter übernimmt das Putzen des Hauses. Die Eimer klappern und auch mit lautem Rufen kommt man nicht gegen das Heulen des Staubsaugers an. Mein Vater muss den Garten umgraben und alle Sträucher schneiden. An den Dornenhecken hört man sein unterdrücktes Fluchen. Meine Schwester und ich haben die Kinderzimmer aufzuräumen. Wir benutzen zum Abstauben weiche Lappen und für das Wischen des

Zu den Seiten 118-120

Parketts klares Wasser. In den Schrankfächern scheinen sich alle vermissten Dinge versteckt zu haben. Es ist kaum zu glauben, was da wieder auftaucht. Am Abend gehen wir zur Belohnung Pizza essen.

S. 118, Ü 15:
- Das Bellen der Hunde stört.
- Katzen, die miauen, wollen gestreichelt werden.
- Durch Bohren in der Nase hat noch niemand Gold gefunden.
- Dein Schnattern lockt alle Gänse an.
- Über ein Lächeln des Babys freuen sich die Eltern.
- Ein Glück, dass wir nicht zu singen brauchen!
- Ich möchte sonntags gern schwimmen und wandern gehen.
- Mir macht Aufräumen auch keine Freude, wenn du nicht mithilfst.
- Welch ein Singen, Musizieren, Pfeifen, Zwitschern und Tirilieren!
- Du solltest mir verraten, wie ich es lernen kann, gut zu kegeln.
- Vermutlich bleibt Skaten so beliebt.
- Auf dem Platz herrscht ein Kommen und Gehen.
- Niemand will sich Zeit nehmen um die Spielplätze zu pflegen.

S. 119, Ü 16: Liebe Familie Schmitt!
Herzlichen Dank für Ihre herrlichen Urlaubsfotos, die Sie, verehrte Frau Schmitt, mit Ihrer neuen Kamera von unserem gemeinsamen Urlaub geschossen haben! – Und hast du, liebe Lena, inzwischen deinen Sonnenbrand überstanden? Man hätte dich glatt für einen Krebs halten können, als du am Strand beim Sonnen eingeschlafen warst! – Selbstverständlich möchte ich auch dich grüßen, liebe Conni! Mir ist dein Lachen immer noch im Ohr! Denkst du auch noch daran, wie wir mit dem Mietboot zum Segeln gingen und vor lauter Jubeln das Steuerruder an Land vergaßen? – Für euern Papa haben wir noch eine Überraschung. Wollt ihr wissen, was? Vermisst er nicht seine Sonnenbrille? Ach, du liebe Zeit! Es ist fünf Uhr. Ich muss schnell zur Post!
Viele Grüße an alle – auch von meinen Eltern!
Saskia

Zeichensetzung

S. 120, Ü 1: Es war einmal ein armer Müller, der eine schöne Tochter hatte. Eines Tages begegnete er dem König. Was machte der Müller in diesem Augenblick? Er hatte nichts anderes zu tun als anzugeben. Dem erstaunten König log er vor, dass seine Tochter Stroh zu Gold spinnen könne. Kaum war ihm diese Prahlerei entfahren, da bereute sie der Müller. Der König befahl nämlich: „Schick mir diese Tochter morgen aufs Schloss! Wehe ihr, wenn sie die Probe nicht besteht!" Als nun das Mädchen zum Schloss gebracht wurde, gab man ihr Spindel und Haspel. Dann wurde sie in eine Kammer ganz voll Stroh gesperrt. Wie sollte die arme, weinende Müllerstochter denn Stroh zu Gold spinnen? Da ging auf einmal die Tür auf. Herein trat ein kleines, runzeliges Männchen...

Zu den Seiten 121-123

S. 121, Ü 2: Der erste Zwerg fragte: „Wer hat von meinem Tellerchen gegessen?"
Auch der zweite Zwerg fragte: „Wer hat aus meinem Napf getrunken?"
Der dritte Zwerg wollte wissen: „Wer hat in meinem Bettchen gelegen?"
Da riefen alle Zwerge: „Ei, das Kind ist wunderschön!"
Da warnten es die guten Zwerge: „Hüte dich vor deiner Stiefmutter!"
Da antwortete das Mädchen: „Ich heiße Schneewittchen."
Schneewittchen aber versprach: „Ich werde euch den Haushalt versehen."

S. 121, Ü 3: „Theo, du bist ein Genie!" – „Ach, was muss man oft von bösen Leuten lesen!" – „Nein, so habe ich das nicht gesagt!" – „Ei, wer schleicht denn da zum Kühlschrank?" – „Verehrte Gäste, ich heiße Sie herzlich willkommen!" – „Bello, lass sofort den Briefträger los! Bei Fuß!" – „Hallo, kommen Sie bitte einmal auf die Bühne!" – „Ihr Faulenzer, steht auf und geht mit uns spazieren!" – „Lieber Gott, bewahre uns vor Not und Pein!" – „Hänsel, wir sind erlöst, die alte Hexe ist tot!" – „Bitte, gib mir den Ball zurück!" – „Zu Befehl, Herr General!"

S. 122, Ü 4:
- Michael pflückt Birnen, Äpfel, Pflaumen, Kirschen.
- Gerhard, Heidi, Christoph, Onkel Fritz helfen ihm.
- Danach will Michael tanzen, springen, singen, herumalbern.
- Am Marktbrunnen stehen Tina, Tommi, Anja, Alex und Tim.
- Ihre Pullover sind grau, grün, rot oder braun.
- Dazu tragen sie Jeans oder Jogginghosen, Radlerhosen oder Röcke.
- Diese Straße führt nach Ansbach, Nürnberg, Fürth sowie Erlangen.

S. 123, Ü 5: Die Waldameisen haben beschlossen auf die Jagd zu gehen. Ihr Anführer heißt Willi. Es ist aber weit und breit nichts zu finden. Da kommt ein Elefant daher. Willi ruft den Ameisen zu: „Leute, den Kerl fangen wir!" Der Anführer Willi hat auch schon einen Plan. Er klettert mit seinen Freunden auf den Ast eines Baumes. Sie sind zusammen sechstausend Ameisen. Der Elefant trottet tatsächlich unter dem Baum daher. Nun springen auf Willis Kommando alle sechstausend Ameisen gleichzeitig auf den Elefanten. Dieser schüttelt sich einmal kurz. Dabei fallen fünftausendneunhundertneunundneunzig Ameisen herunter. Allein Willi kann sich noch am Nacken festklammern. Die anderen Ameisen rufen nun von unten: „Würg ihn, Willi! Würg ihn, Willi!"

S. 123, Ü 6: Drei kleine Jungen spielen miteinander. Sie beginnen sich aber zu langweilen, weil ihnen nichts mehr einfällt. Ringkämpfe und Mutproben haben sie schon oft genug gemacht. Also beginnen sie anzugeben. Der erste Junge sagt: „Wisst ihr eigentlich, dass ich einen ganz bekannten Onkel habe?" Die beiden anderen Knaben werden neugie-

23

rig und fragen: „Was ist denn mit deinem Onkel?" Da kommt die Antwort: „Mein Onkel ist Pfarrer. Zu dem müssen alle ‚Hochwürden' sagen." Nun ruft der zweite Junge: „Das ist doch gar nichts! Mein Onkel ist Kardinal und alle sagen zu ihm ‚Eure Eminenz'!" Der dritte Junge verkündet siegesgewiss: „Mein Onkel ist noch viel höher. Er wiegt 150 Kilo. Wenn die Leute den sehen, hört man sie alle ‚O Gott! O Gott!' sagen!"

S. 124, Ü 7:
- Die Flüsse Neckar, Main, Nahe, Lahn, Mosel und Erft, Ruhr, Lippe münden in den Rhein.
- In Nordrhein-Westfalen haben Münster, Düsseldorf, Köln sowie Bonn, Bochum und Dortmund bekannte Universitäten.
- In meinem Garten blühen rote, gelbe, rosa oder weiße Rosen üppiger als beim Nachbarn.
- Kindern und Jugendlichen, Schülern sowie Herzkranken wird vom Eintritt abgeraten.
- Wir bereisten im vergangenen Sommer den Teutoburger Wald, die Rheinische Eifel, den Hunsrück, danach den Taunus und den Westerwald und das Rothaargebirge.
- Am Grillplatz tranken, aßen, sangen und schunkelten die Wanderfreunde.
- Lisa trägt schöne, geschmackvolle Ohrringe.

Gebrauch des Wörterbuchs

S. 125, Ü 1: E – L – S – X ; E – J – M – Q – V – Z ; B – H – K – O – T – W ;
1.: Besen – Himmel – Basketball – Frühling – Herbst – Esel – Igel – Ferien – Giraffe;
2.: rufen – Ostern – Jakob – Nacht – lustig – Region – Quarz;
3.: Zucker – Sommer – Winter – Verkehr – Schule

S. 127, Ü 2: NEBEL – NEBEN – NEFFE – NEIGE – NELKE – NEPAL – NERZE – NETZE – NEUES;
ASCHE – BLICK – BLOCK – CHLOR – DEICH – DURCH – FLACH – GNADE – HITZE – PILOT – RADIO – RAUCH – RENTE – SAHNE – THEMA – TORTE

S. 128, Ü 3: Nagel – Natur – Niete – Not; Ball – Banane – Bus – Butter; Familie – Fasching – Ferien – Fußball; Zaunkönig – Zoo – zucken – zuschauen; vergessen – verlieren – versammeln – vertrauen; Maus – kalt – lang – Zahn – lesen – fallen – scharf – Zug